守护未来

“广州未成年人保护大讲堂”演讲录

共青团广州市委员会 编

南方日报出版社
NANFANG DAILY PRESS
中国·广州

图书在版编目（CIP）数据

守护未来 ：广州未成年人保护大讲堂演讲录 / 共青团广州市委会编著. -- 广州 ：南方日报出版社，2019.7
ISBN 978-7-5491-2003-1

Ⅰ.①守… Ⅱ.①共… Ⅲ.①青少年保护－广州－文集 Ⅳ.①D927.651.27-53

中国版本图书馆 CIP 数据核字(2019)第 095329 号

SHOUHU WEILAI
守护未来——广州未成年人保护大讲堂演讲录

著　　者：共青团广州市委员会
出版发行：南方日报出版社
地　　址：广州市广州大道中 289 号
出 版 人：周山丹
责任编辑：张　高
装帧设计：肖晓文
责任技编：王　兰
责任校对：阮昌汉
经　　销：全国新华书店
印　　刷：广东信源彩色印务有限公司
开　　本：787mm×1092mm　1/16
印　　张：10.75
字　　数：150 千字
版　　次：2019 年 7 月第 1 版
印　　次：2019 年 7 月第 1 次印刷
定　　价：32.00 元

投稿热线：（020）87360640　　读者热线：（020）87363865

守护未来

“广州未成年人保护大讲堂”演讲录

编委会

前言

“广州未成年人保护大讲堂”由广州市未成年人保护委员会指导，广州市未成年人保护委员会办公室、共青团广州市委员会主办，12355广州青少年服务台（广州市未成年人保护综合服务平台）承办，广州市青年文化宫、广州市少年宫、广州市团校、广州青年报社等单位协办。自2018年6月起，每月举办一期，目前已举办十一期。大讲堂主要围绕未成年人身心健康、权益保护、家庭教育、安全教育等话题，邀请相关领域专家，与未成年人及其家长面对面交流，以促进未成年人德智体美劳全面发展。

本书收录了自2018年6月至2019年4月共十一期未成年人保护大讲堂内容。现编辑成书供广大家长和孩子们学习分享。

目录

Contents

如何“手”护孩子的健康

吴大嵘

主任中医师，医学博士，博士生导师，国际补充医学会（ISCMR）中国整合医学分会会长，世界中医药联合会小儿推拿专业委员会副会长，广东省中医药学会小儿推拿专业委员会主任委员，中国中西医结合学会循证医学专业委员会主任委员，广东省医学会循证医学分会常务委员，中国医师协会循证医学专业委员会循证中医学组第一届委员会委员，国际标准组织中医药技术委员会（ISO/TC249）注册专家。多次受世界卫生组织邀请以顾问身份参加其主办的传统医学研究领域会议或国际区域间合作培训。

（扫码观看本讲视频）

各位家长大家好，今天的主题叫“怎么‘手’护孩子的健康”。

很多时候，家长会说他们拿自家孩子和别人家的孩子作对比时，发现好养的、身体好的是隔壁家的孩子，而自己家的孩子总是会有各种各样的问题：晚上睡不好，不吃饭，或者是不长高；有的孩子还容易感冒发烧，一个月两三次，孩子不能去上幼儿园或上学，家长也无法上班。

相信每一个家长都会问，为什么隔壁家的孩子都是好好的，怎么到了自己家的孩子就会有如此多的烦恼呢？

那么面对这些情况，我们应该用什么样的方式去“手”护孩子的健康呢？

什么是给孩子最好的照顾？

从孕育到诞生，到伴随孩子成长，每个家长都希望给孩子最好的照顾。什么样的照顾才是最好的？孩子生病时，很多家长的照顾就是带孩子去看病和吃药。这样是最好的照顾吗？并不是，实际上最好的照顾，应该从“未病防病”的角度思考。那什么是“未病防病”呢？

首先和大家说一个故事，相信这个故事大家都知道——扁鹊见蔡桓公。扁鹊第四次见蔡桓公之后，掉头就走，蔡桓公问他掉头走的原因是什么，扁鹊说你现在的问题跟我第一次看你的问题已经不一样了，第一次见你的时候问题还在腠理，也就是在肌肤表层，你去泡个澡，或者泡一下脚，就好了。我第二次见你的时候，它就进了肌肤内层，这时候需要用一些砭石疗法，或者是针灸才能好。第三次见你的时候它就进入脏腑，这个时候就需要吃汤药了。第四次见你的时候它已经进了骨髓，这个时候是老天爷管的事情，所以我一看见你就转头走了。

它说明了一个什么问题呢？我们很多病都有一个阶段性的发展过程，从腠理到肌肤，到脏腑，到骨髓。孩子发病的过程也和大人一样，但是孩子的生理特点与大人不同，一开始如果干预得当，恢复得也会很快。

从故事中我们得出，家长防病要从以下三个方面思考与着手：

（1）孩子还没有生病的时候，家长要做到“防病”。

（2）如果孩子患病，家长要防止孩子的病症转换为其他的问题。

（3）当孩子康复后，家长要怎样才能降低孩子再生病的概率，尤其是容易反复发作的病。

》孩子健康之路——“满满的都是困惑”

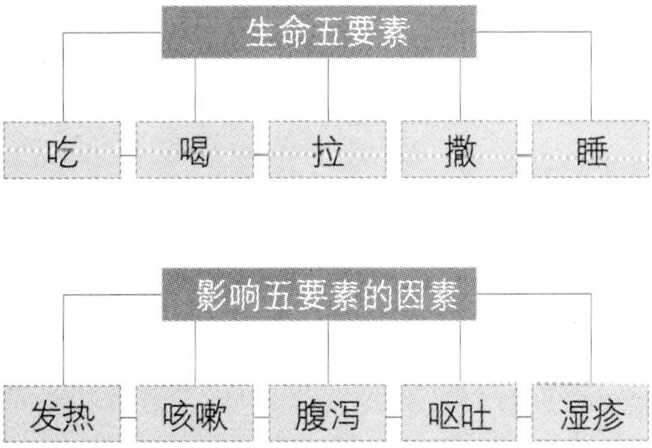

……

孩子的生理特点

首先我们了解下孩子的生理特点，通过了解孩子的生理特点我们也会更好地明白为何给孩子最好的照顾是未病防病，就算病了，通过正确的干预也能很快地恢复。

孩子的身体特点可以通过这八个字体现出来：脏腑娇嫩、纯阳之体。

脏腑娇嫩

脏腑娇嫩从孩子的肌肤就能看出来，仿佛一弹就会破，这个就表示小孩子的脏腑特别娇嫩。也就是说，这个时候如果你用对的方法干预，很快能够看到效果，但是如果你用的方法不对，它对脏腑也是会带来伤害的，因为孩子自身的保护能力还不是很强，所以也比较容易受到外界因素的伤害。大家吃药的时候会看到说明书写的药物不良反应、药物的副作用，这些就是一种伤害。

» 儿童的身体特点

脏腑柔弱、形气未充——“脏腑娇嫩”
生机蓬勃、发育迅速——“纯阳之体”

除非是先天的疾病，否则孩子的大部分问题都只是停留在“腠理”和“肌肤”内层

纯阳之体

孩子是纯阳之体，也就是我们一般说的孩子愁生不愁长，孩子自身拥有很强的生长能力。所以孩子的病，除非是先天的问题，否则大部分的问题它都只是停留在腠理和肌肤的层面上，不是特别难解决，只需要轻轻地一拨，它就可能恢复。

很多家长会问，孩子看着比较弱，能不能给孩子吃一些例如冬虫夏草、燕窝、鹿茸等补品？我们建议不要给孩子吃，因为孩子是纯阳之体，他生长的能力很强，如果过早进补这些东西，孩子容易出现早熟的现象，影响孩子的生长。

古代的观念是不是科学的？

有些家长会问道：这些似乎都是古代的观念，它们有没有道理呢？

相信不少家长听说过一句话："若要小儿安，三分饥与寒。"意思是说，要确保小儿平安健康，就不能给孩子吃得太饱、穿得太暖。这句话出自650年前的明代医书《活幼心书》。

而在2016年，一位诺贝尔奖获得者提出一个自噬理论：就是如果人体能够有足够的细胞让它产生饥饿的状态，空腹的时间足够长，你的细胞会变成一个饥饿的状态，饥饿状态的细胞会激发出一种自噬体，自噬体可以消化回收体内垃圾，还能提高体能排毒促进生长的能力。

这个理论是不是和我们那句俗语有相似之处呢？

中医"未病先防"的认识是有其科学内涵的，比如问题就是出在腠理肌肤，你可以用一些很简单的方法就把这个问题解决了。但这个方法可能还没有被现代科学所证实，但并不一定说它是不科学的，因为认识具有阶段性特征。

任何一种照顾都要经得起时间的检验

在医学方面，临床循证实践指南是全世界这个领域的专家所得出的当前的最佳处理原则与方法。

那按照指南照顾孩子是不是就是最好的照顾呢？

举个例子：针对“0到5岁的儿童不明原因的发热”，某个循证指南中总共列了21个问题，其中一个问题是对乙酰氨基酚和布洛芬是不能交替使用的。对乙酰氨基酚和布洛芬的常用代表药分别是泰诺林和美林，这两个药都是家长知道的退热药。当孩子发热时，如果吃美林效果不好，在第二次服药时，家长是不能交替使用泰诺林。

美林或者泰诺林第二次服药需要在6—8小时之后，那孩子吃完药，体温还一直升高，该怎么办？指南中并没有给出这个问题的答案。

那在这6—8小时的等待期，家长怎样才能给孩子最好的照顾？这个最好的照顾又能否经得起时间的检验？为何说这个照顾要能经得起时间的检验呢？

20世纪三四十年代的时候，孕妇一旦有孕吐反应，就会给孕妇吃一种叫“反应停”的药，吃完了之后，孕妇的这些反应马上没有了，当时这个药还很轰动，出来之后就有很多孕妇吃这个药，因为她们觉得吃完这个药怀孕的时候就会相对舒服。但是在那段时间，只要是用了“反应停”这个药物的欧美国家不断有畸形的孩子出生。后来才发现，原来这些孩子的母亲当年都吃了“反应停”，这个后果是很严重的。这些孩了中有些佼佼者后来还成为指挥家、科学家，尽管这样，残疾给他们带来终身的不适和不便是没办法去除的。因此，长远而言，从人类健康的角度，任何一种照顾或治疗措施都要经得起时间的检验。

孩子发热期间，除了给孩子吃药还可以做什么？

说回刚才，在孩子发热的时候，我们有什么办法给孩子最好的照顾呢？

我们可以使用小儿推拿来帮助孩子。不敢保证所有的孩子用了都会退热，但正确的操作并不会有什么副作用，因为这是一个外治的疗法，并且刺激非常小。

小儿推拿是什么？

小儿推拿有悠久的历史，明末清初出版了一批小儿推拿专著，并且不断地发展。小儿推拿是用手法作用于小儿体表一些特定的穴位，达到预防和治疗疾病目的，这些特定的穴位只对0—12岁的孩子才会起作用。它有一个很基本的原理，就是百脉汇于掌，我们体内的一些经络或者脏腑，它跟手掌都是相连的。0—12岁的小孩子，脏腑与手掌的关系还是非常密切的，所以这个

» 小儿推拿的历史与源流

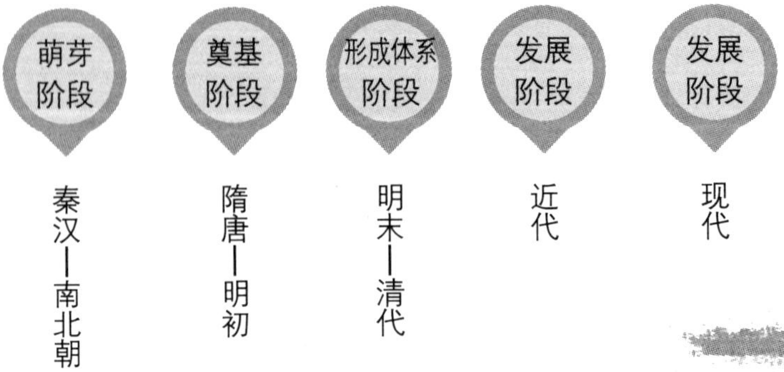

阶段的孩子可以用小儿推拿调整，使全身的气血和脏腑经络正常运行。打个比方：孩子手上的穴位就像电灯的开关，身体的经络就像电线，脏腑就是电灯。打开手上开关（穴位），通过体内的经络（电线），那么就可以控制这个电灯（脏腑）。

它和成人推拿的区别是什么？成人推拿是以治疗骨关节病为主，小儿推拿治疗的是孩子的常见病，例如消化、呼吸系统疾病。因而两者的差别还是挺大的。

如何使用小儿推拿帮助发热的孩子呢？

在操作前要给孩子使用润肤剂保护皮肤，然后再开始做小儿推拿。

小儿推拿是帮助孩子预防和治疗疾病的，那么要起到治疗的作用就要有一定的刺激量。故应当遵循小儿推拿八字诀：“轻快柔和，平稳着实。”轻和快是很重要的两个点，既要轻又要快。要达到这一状态是需要练习一段时间的，练习的时候可以用家人的手来操作。

退热的两个操作：

【清天河水】

定位：在前臂的内侧正中。

操作：从腕横纹正中直线推向肘横纹正中。

操作频率：200—250次/分钟。

按这样的频率去操作，可以起到清热解烦、帮孩子退热的作用。

»脊柱

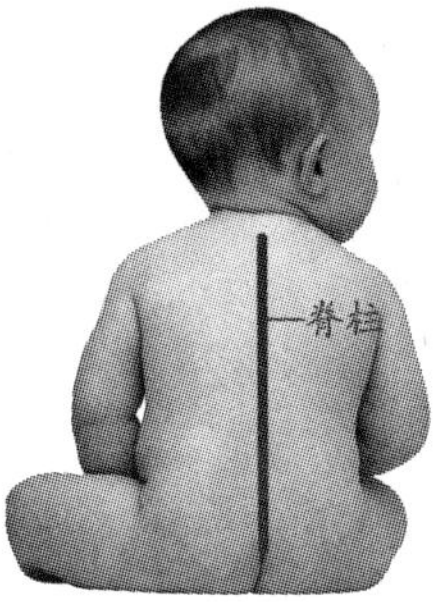

定位：后背正中线大椎至龟尾成一直线

功效：捏脊，调阴阳理气血、和脏腑、通经络，强身健体

推脊，清热

【推脊】

定位：从大椎穴到龟尾穴。

操作：从大椎穴向下推到龟尾穴，一条直线从上往下推。大椎是每个人低下头后，脖子后方有一个很高的骨头突出，骨头下面那一个凹陷的地方，我们叫大椎穴，龟尾尾椎骨末端。用食指中指无名指，中指顺着督脉，食指、无名指顺着脊柱旁开0.5寸的两侧的膀胱经从上往下捋着推。

推脊的方法，我们主张家长在孩子发热的那几天里面使用，哪怕他睡觉之前，发热不高也给他预防性地推一推，这就是我们说的“既病防变”，要防止他变化得更厉害，所以在睡前是可以帮他做的。

小儿推拿如何培护孩子的脾胃功能?

广东人经常说自己湿气重，家长也常会给孩子煲汤祛湿，但当孩子表现出湿气重的状态时，不能一味地帮孩子祛湿，这样容易伤到孩子的脾胃功能，想要减少孩子的“湿”，实际上应该培护孩子的脾胃功能。“湿”只是一个表象，我们需要找到根源才能更好地养护孩子。

如果孩子很容易有消化不良、口臭的问题，大便不是很顺畅，甚至是两三天都不排便，吃得也不是很好；就算吃得好但是大便不好，出现肚子胀的情况，可以使用这样一个保健的方法——“大小棒棒糖法”。

“大小棒棒糖法”是为了方便大家记忆取的名字。这个方法主要包含四个操作：清胃经、逆运内八卦、摩腹、夹脊。

【清胃经】

定位：大拇指第一掌骨桡侧赤白肉际交界处。

操作：清法（从手腕横纹推向大拇指根部）。

操作频率：200—250次/分钟。

如果孩子很容易口臭，舌苔很厚，总是觉得消化不是很好，舌头又红，可以多做清胃经。

» 胃经

定位

大鱼际外侧赤白肉际处，拇指根至腕横纹

功效

清胃经：和胃降逆，泻胃火

【逆运内八卦】

定位：在手掌，以掌心为中心，从中心连线到中指指根，以连线的三分之二为半径画圆，这个圆就是内八卦的定位。

操作：逆时针转，可以想象在孩子手上放了一个钟，然后这个钟的反方向转就是逆运内八卦。注意：这个操作一定是在孩子的左手进行的。

如果孩子消化不是很好，肚子很胀，他的大便肯定不是那么顺畅，用逆运内八卦就可以帮孩子通便。我们观察广东地区的很多孩子，属于上盛下虚的类型。

上半身盛有哪些特征？就是小孩子容易着急，情绪比较容易波动，很容易上火，喉咙容易不舒服，但是下半身又不足，所以用逆运内八卦可以调整这个上下的关系，起到平衡上下半身阴阳的作用。

广东地区的大部分孩子都适用于逆运内八卦。

》内八卦

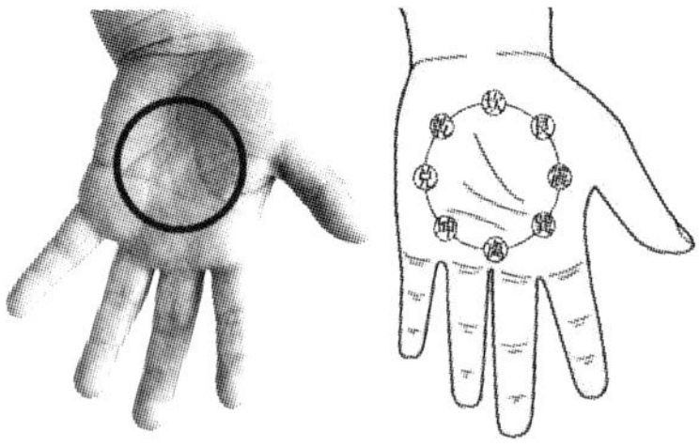

定位：掌心周围，通常以内劳宫为圆心，以内劳宫至中指根距离的2/3为半径所作之圆圈

功效：逆运内八卦可宽胸利膈，理气化痰，行滞消食

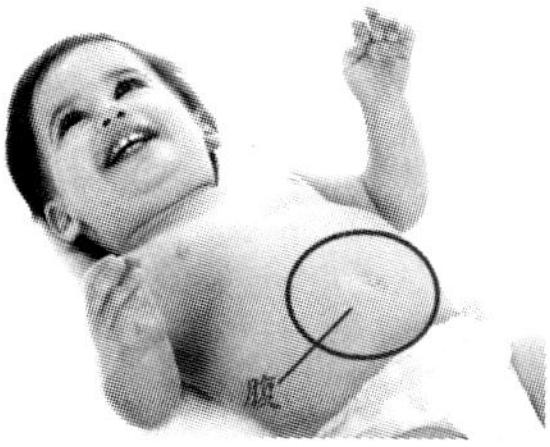

»腹

定位：整个腹部

功效：摩腹可健脾和胃，理气消食

【摩腹】

定位：整个腹部。

操作：顺时针摩腹。

摩腹可以刺激肠道蠕动，帮助孩了排便。

【夹脊】

定位：背部，从第5腰椎左右各旁开0.5寸开始往上捏提，一直到第1胸椎，总共17个椎体，共34个夹脊穴。

操作：从下往上，夹脊不需要像捏脊那样连续地推撵，它只是提捏，把孩子局部的皮肤提起来，捏一下，然后就放掉，再接着捏提后面的穴位。

操作次数：适度，3—10次即可。

夹脊可以帮助孩子消积食。

为什么这四个穴位要叫“大小棒棒糖法”？我们回顾下胃经、内八卦的定位，我们做清胃经和逆运内八卦是一个直线操作，一个小圈，加起来是不是一个小棒棒糖的一个样子。而做摩腹和夹脊，一个是腹部画一个大圆，一个是在背后画一条直线，这就是一个大棒棒糖的样子，合在一起就是“大小棒棒糖法”。大家如果用这个方法，其实对改善孩子的消化系统问题是会有很大的帮助。

小儿推拿的基本知识

小儿推拿有没有副作用？

小儿推拿的操作手法如果是正确、到位的，它的不良反应是很小的。但如果操作手法有误就容易出现问题。

举一个例子，上文提到的逆运内八卦，是逆时针操作的，但是一些家长回家自己做，就做成顺时针操作。家长做反了之后，他每帮孩子做一次推拿，孩子就流一次鼻血，回来复诊问道：“你们做怎么就没事呢？为什么我做就流鼻血呢？”详细咨询后才发现家长把方向做错了。把这个问题修正后，孩子在家做推拿就没有流鼻血了。

此外，如果家长给孩子做得太快了，或没有用保护的油，或油用得不够，把皮肤擦破了，或没有找对正确的穴位定位等，也会导致一些不良反应。

小儿推拿的手法、穴位不讲究，怎么做都行？

一、小儿推拿的手法有轻重缓急、操作方向的要求

家长回到家做治疗不到位，实际效果大打折扣，主要有以下原因：

（1）穴位定位不准确

（2）操作手法不正确

（3）操作频率不正确

小儿推拿讲究的是轻快柔和，平稳着实。也就是在操作的过程中要做到又轻又快，这个其实不是那么容易做到的。刺激量的多少是较难把握的。刺激量没有到，它的效果就会显示不出来。

那是不是次数越多越好？不是这样的。尤其是“清”的时候，比如上面说到的清胃，不需要做那么多次，如果你做得多了，它就变成一个“补”法了，达不到清胃的效果。需要轻的手法，如果你做重了，“补”的手法就变

成“清”的手法。

所以小儿推拿的轻与重、顺与逆是有讲究的，最好是按照医师给的次数和穴位操作。此外，家长需要与推拿师进行详细的沟通，哪些穴位需要重一些的手法去操作，哪些穴位需要轻一点的手法去操作，才能达成较好的治疗效果。

二、小儿推拿处方的重要性

对每一个看诊的孩子，医师都会给出详细的处方，这个处方是根据孩子的情况来决定，并不是固定处方和可随意自行更改的。

小儿推拿的处方包括穴位，还包括它的次数，它的刺激量，如果再详细一点的话，就有频率，即每分钟做多少下，因为不同的穴位会不一样，例如清胃和清天河水，操作频率是200—250次/分钟，但是逆运内八卦的频率是150次/分钟。

小儿推拿的疗程是多久?

做推拿在某些方面的效果会比较明显，比如说消化不好的孩子，他胃口不好，可能做几次之后他的胃口就好了。可是在一些方面并不会起效很快，比如存在呼吸道的问题，很容易发炎；或者很容易扁桃体发炎，腺样体肥大；或者是有咽炎、鼻炎等过敏性的问题……这些就需要一个过程慢慢地把伏邪去掉，所以疗程就显得特别重要。

什么是伏邪？孩了反复发作一些病，中医认为是一些不好的东西潜伏在孩子的身体里，人有手三阳、足三阳（这都是阳经），手三阴、足三阴（这都是阴经）。孩子就像一座小房子，潜伏在身体里的伏邪就是卧底，这个卧底进入房子后就会藏进角落里，当外面有敌人要进入时，这个卧底就会和外面的敌人相呼应，打开房门让外面的敌人进入，孩子就特别容易生病。想要彻底解决这类问题就要把这个卧底清除出去，小儿推拿其实是一个很好的方法，只要足够的刺激量和疗程，就能清除卧底。

什么时候可以用小儿推拿？

感冒咳嗽等上呼吸道感染、腹泻、便秘、呕吐、口腔溃疡、遗尿、弱视等都可以。

这些病症只是让家长了解哪些情况可以用小儿推拿来帮助孩子，但是不建议家长自己做，需要找专业的医生看诊辨证。

» 小儿推拿适应症

常见消化、呼吸系统疾病或症状	· 腹泻、腹痛、便秘、呕吐、口腔溃疡、舌炎、婴幼儿或儿童不完全性肠梗阻、肠痉挛 · 反复呼吸道感染、上呼吸道感染、儿童不明原因发热、感染后咳嗽、哮喘
其他	· 遗尿、弱视、近视

什么情况下不能做小儿推拿？

（1）传染病不能做。如果孩子得了水痘、麻疹，就不要去做小儿推拿了，因为推拿的手法快，如果操作的穴位刚好在孩子出疹子的地方，会刺激到孩子的皮肤。

（2）孩子患有肿瘤不能做。其实肿瘤本身问题不大，如果不操作到肿瘤的部位是可以的。但是有时无法很好地判断孩子现阶段的情况，孩子有肿瘤，他的一些骨骼细胞可能被转移了，这个时候帮孩子做推拿，可能会出现病理性骨折。病理性骨折就是外表看起来没什么问题，但是一碰骨头就断了。

（3）出血性的病不能做。孩子如果是先天性血友病，他的皮肤一碰就会出现血点，这种情况是不能做推拿的。

（4）骨关节有问题不能做。例如孩子有骨折，那骨折的部位肯定是不能做的，但其他地方可以做。

（5）局部皮肤有破损或有湿疹、皮炎不能做。此外，给有惊厥史的孩子做小儿推拿时要慎重。惊厥史就是一发高热就会出现突然抽搐的状态，给这样的孩子做推拿时，要慎重，建议找专业的人员操作。

» 小儿推拿禁忌症

注意：有高热惊厥史的孩子，第一次接受推拿治疗必须由经过培训、有资质的医生操作

小儿推拿有什么要注意的事项呢？

（1）要专注。

帮孩子做推拿时，一定要专注在孩子的身上，不要把精神放在其他方面例如iPad或者手机上，推拿的效果会受影响。

（2）身上不要戴装饰品。

在做推拿时，手上戴的手表、戒指、手环，脖子上戴的项链最好都取下来。因为帮孩子做推拿是近距离的接触，并伴随着很快的速度，饰品容易伤害到孩子。

（3）做好手部的清洁。

从外面回家给孩子做推拿，一定要把手洗干净。另外家里如有好几个孩子，做完一个孩子也要把手洗干净再去帮下一个孩子做推拿，减少传染的可能性。

（4）做好保暖和防护。

天气热的时候，房间会开空调，在这样的房间做推拿，孩子会不会着凉？我建议这个时候，帮孩子做推拿的房间不要开空调，把门打开，邻近的房间或者客厅打开空调，让凉气进来就可以了。等孩子做完推拿再打开房间的空调。

到了冬天，给孩子一个保暖的环境就可以。

（5）做完推拿不要立马洗手。

做完推拿后，两个小时不要碰冷水，如果觉得孩子的手脏，用免洗的洗手液给孩子擦一下就好。

（6）让孩子在一个舒适的环境做推拿，注意不要压到操作的部位或手臂。

（7）介质很重要。

为什么一定要强调介质？因为孩子的皮肤本来就比大人的皮肤要嫩一些，而且小儿推拿讲究轻快，速度达到一分钟200—250次，所以这个时候介质非常的重要。

我们建议家长使用可以食用的植物油：橄榄油、椰子油。当然，油性介质在做退热手法时，由于油类会一定程度上阻碍局部皮肤的散热，因此有可能会影响退热的效果，这个时候我们建议用水或水性介质代替，也可以使用一些粉类的介质。

不过，对于年龄较小的孩子，如1岁或1岁以下的，尽量少用粉类介质，因为粉类比较轻，在使用过程中会飘到空气里，容易被孩子误吸进去。加之一些品牌的爽身粉被报道含有致癌或者其他有害物质，尽管我们不确定这类报道的客观程度或其背后的科学证据有多少，但我们仍然希望孩子不要由于使用一些介质而遭遇一些不必要的风险，所以还是慎用为妥。

也不要使用带有寒热属性的油，例如茶油、红花油、活络油等。因为我们在给孩子做推拿的时候，那个穴位本身就有寒热属性，手法也有寒热属性，如果这个时候使用带有寒热属性的油，效果会受影响。

问答精选

家长问题1：给孩子做小儿推拿时，有要求固定用哪只手吗？男孩、女孩是否有左右手之分？

医生回答1：在20世纪或者更早的时候，有一些书上会写到小儿推拿要分男女，即男孩推左手，女孩推右手。但是现在小儿推拿业内公认的观点是不分男孩和女孩，统一做孩子的左手。

家长问题2：给孩子推拿完后，在饮食方面有哪些需要特别注意的事项吗？或者有何禁忌？

医生回答2：这个问题需要从两个角度来回答，要看孩子做推拿是用于预防保健还是用于治疗。

如果孩子做推拿是为了预防保健，做完推拿饮食上没有特别需要注意的，唯一需要注意的是做完推拿后两小时内不要碰冷水。

如果孩子做推拿是为了治疗，例如发热，那么在推拿完后，不能因为孩子的胃口变好就给孩子吃大鱼大肉，这样可能会导致孩子复发。在发热后饮食以半流质或流质的清淡食物为主更合适。

如果孩子是反反复复发病，做完推拿后，我认为需要做的是保护好孩子的脾胃，做到“三分饥与寒”。我们建议三岁以下的孩子在晚上八点后，三岁以上的孩子在晚上七点后，尽量不吃东西，让孩子有足够长的空腹时间。容易反复发病的孩子，晚上可能会出现磨牙、流口水、睡觉翻来覆去、晚上出汗的情况，这就是我们常说的“胃不和，卧不安”，所以这样的孩子需要足够的空腹时间，让脾胃得到休息。

我们认为小儿推拿的方法对于孩子、青少年的保护是很有作用的，并且它的不良反应很有限，所以我们认为是一个很好的方法。但是光靠医生、治疗师做，是远远不够的，我们希望能够推广到社区的层面，甚至是到家庭的层面，让更多的孩子获益。

如果想走得快就自己走，但是我们希望走得远，所以我们希望跟大家一起走。谢谢大家。

现代家庭教育中的心理教育

李江雪

华南师范大学心理咨询研究中心主任，心理分析博士，副研究员，加州整合研究院访问学者（2016—2017年），中国心理学会注册心理咨询师、注册催眠治疗师，A级沙盘游戏分析师、培训师和督导师，兼任澳门城市大学硕士生和博士生导师。担任的社会职务有广东省心理学会心理咨询与治疗专业委员会主任委员，广东省高校心理健康教育与咨询专业委员会常委，广东省社会医学心理咨询专业委员会常委，广东省普通高校学生心理健康教育专家指导委员会委员，广州市未成年人保护委员会特聘心理咨询专家等。

（扫码观看本讲视频）

大家好，我是华南师范大学心理咨询研究中心的李江雪。今天很高兴受团市委的邀请来跟大家做一个交流，我今天想交流的题目是《现代家庭教育中的心理教育》。

我是1998年来广州读研究生，当时我的研究方向就是心理教育，然后毕业留校，在学校心理咨询中心工作，后来又在职读博，选择了心理分析这个方向，所以我其实大概有20年的心理教育和心理咨询方面的工作经验。今天我想讲这个话题，不是跟大家系统地去讲解心理教育的知识、架构，而是想把我20年工作的一个经验分享给大家。

这些年我工作中为很多大学生、青少年、成人和孩子，甚至还有老年人，做了大量的心理咨询和心理治疗。现在《精神卫生法》颁布之后，我们不是医生，不能叫心理治疗，但事实上我们做了类似的一些工作。我们看到了很多家庭教育中的问题，希望今天是一个经验的分享和想法、观念的交流。我并不是教育系统的，我是学心理学的，从1994年开始，学了20多年心理学，而且我学心理学最初的动机就是想做心理咨询师，想去帮助一些青少年顺利地度过成长中困惑的一个阶段。

为何需要心理教育

为什么我要谈家庭中的心理教育？大家知道心理教育很多学校已经在推行了，现在几乎每个学校都设有心理咨询室，然后课程教材也有，我记得在1999年我就协助编辑过这方面的教材，比如《高中生心理健康教育》，有对教师的版本，还有对学生的版本，很多学校一直在做这些。但是我做了这么多年心理咨询的工作，发现其实最大的问题并不在学校，而是在家庭教育中。

家庭教育对孩子的重要性

每个小孩都是在家庭中成长的，他有什么样的性格和命运，可以说有先天的因素，但是后天的那个部分是由家庭决定的。他一出生，成长在什么样的家庭环境中，有什么样性格的父母，父母跟他有怎样的互动，这个其实会奠定他一生的人格基础，进而可能会影响他一生的命运底色。

所以我们常说一个人最幸运的事就是他一出生就有一对好父母，这个好不意味着父母很有钱、很有名望，而是父母非常能理解孩子，让孩子感觉到在这个家庭中是有温暖、有幸福的。如果是在这样的一个家庭中成长起来的孩子，长大了他无论做什么，都是幸福的、快乐的，否则即使获得了世俗的成功，也会出现各种问题。

错误的家庭教育的影响

我工作20年见到太多所谓成功优秀的父母，对孩子从小要求也非常高，孩子似乎也很出色，但是等到孩子上了初中或者高中，甚至到了大学，读到研究生或参加工作之后，突然开始完全逆转，开始出现厌学、抑郁、强迫、网瘾等各种各样的问题。这是为什么呢？我们需要好好反思我们的家庭教育，时代已经改变了，我们的孩子也改变了，但很多家长还没有跟着改变，还在用老一套的方法教育孩子、控制孩子。

现在的父母应该有这样的意识，不能仅仅关注孩子的学业和品行，我们是教育之邦礼仪之邦，要求孩子成绩好、品德好，这些没有错，但是还不够，仅仅规范孩子做一个好人、做一个成绩好的人还不够，我们还要关注孩子的心理健康、人格完整。心理教育的前提，其实是要充分了解孩子的心理。在了解的基础上，我们才能谈得上怎么教育。如果你不了解也不关心，就只是用正确的观念、正确的方法，往往没法达到很好的效果，我们说只有因材施教、对症下药才能培养出真正的人才。所以我今天要谈的是一个概念比较宽泛的心理教育，后面也会提到大家关心的安全教育、生命教育等。

现在孩子存在的问题比较多，像叛逆、打架、被欺负、厌学、网瘾等等，以及各种各样的情绪问题，比如抑郁、焦虑、强迫、恐惧、冷漠、易怒等等，甚至还时不时会听到有学生因为压力过大而跳楼的新闻。现在的大学里，出现抑郁症状的学生越来越多，“郁闷”甚至一度成为流行口头用语。而且这些抑郁往往还不是单相的，被诊断为双相障碍（就是躁狂抑郁症）的也逐年增加。所谓双相障碍就是有的时候情绪抑郁（感觉跌到谷底），有的时候又处于一种躁狂的状态（攀到高峰），他的情绪是波动的。这是为什么呢？为什么都已经考上了大学或研究生，他的成绩很好，可是却得了情感性精神疾病了呢？他的问题来自哪里呢？如果我们深究下去，就会发现很多问题并不来源于学校，或者学校生活最多只是一个诱因而已，他的问题往往在初中或高中就有苗头了，再往前追溯就是小时候的家庭气氛及与父母的关系往往存在问题。

今天我讲的内容主要是给家长听的，不建议带孩子来听。孩子出现了问题，我们家长不要急于给孩子看病吃药，而是要反思到底发生了什么？我们该怎么样去改变？这是我今天最想跟大家交流的。

我们了解孩子的痛苦吗？

我想先谈这样一个话题，到底什么决定着我们孩子的幸福感？现在的孩子不愁吃不愁穿，物质条件和学习机会都极大丰富，从小参加各种兴趣爱好班，像我们的少年宫，每学期开多少班都供不应求，很多学校也已引入了课后第二课堂，内容非常丰富，想学习什么才艺都非常容易。但是，孩子们觉得幸福吗？很多并不觉得，反而觉得痛苦。那么，我们知道他们的痛苦是什么吗？他们缺什么呢？看起来他们什么都不缺，物质不缺，精神上好像也不缺，但是，他们就是不快乐，没有童年该有的童真。

不被理解，感受不到爱

根据我多年的经验，我发现现在孩子最大的痛苦是感觉不被理解、不被看见，甚至感觉不到爱。说到这一点就跟家长的感觉发生冲突了。家长们往往会说我有多爱我的孩子，有些妈妈甚至辞掉工作，天天在家陪着孩子，付出了那么多时间和精力，他们怎么还会感觉不到爱呢？很多家长没办法理解。

» 现代孩子最痛苦的是什么

不被理解

孤独

不被看见

被安排被控制，无法按自己的意愿活着

没有自主思维，不知自己未来要做什么

【案例】有一个妈妈，她觉得自己的儿子很好、很优秀，虽然性格上有些弱点，但瑕不掩瑜，从小学习成绩好，听话，参加什么大赛都能拿奖。可是这个孩子对自己的感觉却跟妈妈的感觉完全相反。他一直觉得自己不够好，无论取得了什么成绩，内心都还是有一种挥之不去的自卑感，这一点他妈妈完全没办法理解："为什么你觉得自己不够好？你明明很好，老师也夸你很好！"可是当妈妈越觉得他好的时候，这个孩子就越觉得自己不够好。这是为什么呢？

这里就有一个偏差了，妈妈觉得我对你很好，我也觉得你很好，可是孩子不觉得，孩子觉得自己不好的感觉没有被妈妈理解和接纳，反而一直被否认。孩子觉得一直都不被理解尊重，孩子又怎么可能感觉良好呢？比方说这个孩子觉得自己很胖、运动能力不行，会被同伴嘲笑，或者跟别人打交道的时候，觉得自己不像别人那么游刃有余，可是妈妈眼中只看到他的优点、闪光点，看不到这些他认为不好的地方或者看见了也否定这些。

所以这里面就有一个问题是什么叫理解，不理解孩子的感受，只从自己的主观感受出发，孩子就感受不到被爱。如果孩子感受不到爱，那么你有多爱孩子都没用。为什么呢？因为你的爱，要通过孩子的感受才对孩子产生作用，如果他觉得不是这样，那你非说是这样，等于白说。理解孩子，要先从理解孩子的感受入手。

孤独

现在的孩子还有一个很大的问题，就是经常觉得很孤独，精神层面的孤独，因为他们是独生子女一代，从小的生活环境就缺少玩伴。当然现在二胎政策后可能会好一点，有一些人为了孩子不孤独而生了第二胎，是不是生了二胎后，孩子就不孤独呢？

» 现代父母的问题有哪些

- 父母管得过多、关心过度（直升机父母）
- 父母太忙，没时间陪伴孩子
- 父母不接受孩子的负面情绪
- 父母只关心学业，只许成功不许失败
- 父母教育方法简单粗暴，打骂、否定、唠叨孩子

【案例】前段时间我接了一个新案例，是一个小男孩，他其实真的非常优秀，也非常难得。怎么讲呢？一般小男孩都是很调皮、多动好玩的，尤其在小学阶段。但这个孩子的兴趣爱好就是看书，他不玩游戏，也不那么爱运动，他每天的生活就是学习和看书，成绩也非常优秀，各科都非常优秀。但是这个“别人家的孩子”很孤独，他自我感觉也不良好。为什么呢？后来在了解了更多的信息后才知道，原来他有一个更加优秀的姐姐，姐姐样样出色，什么都压他一头。

大家知道在小学阶段，其实男孩子表现没有女孩子出色是很正常的，因为男孩在心理层面和生理层面发育都要比同龄的女孩晚一点，他们不像女孩那么坐得住，那么乖巧懂事，能按照父母或老师的要求去做，所以在小学阶段女孩显得更优秀很正常，但是到了初中、高中以后，男孩可能就会追上或超越女生。但是那个妈妈不明白这一点，常常无意识中拿他跟姐姐比较，怎么看都觉得他还没达到期待中姐姐能达到的样子，虽然他已经是百里挑一了。所以这个孩子的孤独，是无法言说的心灵上的孤独，他没办法跟父母交流，当他尝试谈他的感受时，父母不会理解，也不会给他机会多说。

不被看见

有些孩子的痛苦在于不被看见。妈妈自己工作很忙，或者妈妈忙于带他奔波在各种兴趣班之间，每天给他做好吃的，可是真正有效陪伴的时间却不多。妈妈很少能坐下来，安安静静地欣赏他的一幅画，或者认真地听听他讲一些在学校发生的事情。孩子想说的时候你没空听或者听了也很敷衍，孩子慢慢就不会再跟你说心里话了，等到了青春期或者出了问题，你再想跟他谈心就晚了，他的心门早已经对你关闭了。

有一段时间，我工作很忙，回到家也常拿着手机处理事情，相对忽略了孩子，我儿子就会经常跑过来找存在感：“妈妈，妈妈，你看我看我。”我就放下手机，开玩笑地问：“看你干什么？”他就也跟我开玩笑地说：“因为我好看！”我就说：“是好看。”然后摸摸他的头，假装认真地看他一分钟。他被关注、被满足了一会，就不再缠着我了，高兴地干自己的事去了。后来我们还常常玩这个游戏。大家想想如果我不理他或让他别烦我会怎么样呢？他可能会一直在眼前捣乱让我无法工作，或者觉得自己很委屈找机会发脾气。

» 现代孩子最需要的是什么

- 理解、共情
- 陪伴、倾听
- 有边界，有自己的独立空间（包括身心）
- 尊重，允许孩子有自己的想法，可以做自己
- 无条件的爱和接纳，尤其是接纳他们做得不好的地方
- 允许他们表达负面情绪（愤怒、恐惧等）
- 获得正确的价值观、人生观和世界观

孩子有时候需要的其实并不多，就是需要父母的一个注视或关注，一个小小的满足。当你正忙于工作，小孩跑来捣乱的时候，我们有时候停下来一两分钟就够了，耐心地跟他聊一两句，他就可能被安慰了，可以自己去玩了。孩子只是想被你看见，确认他在你心中的地位。你看到他的需求，他就能感受到被爱。否则他会很失落、很愤怒，觉得你不爱他只爱工作。这一点也是儿童、青少年来访者经常跟我反馈的。

不被了解内心真正的想法

我们做父母的要经常问问自己，我了解自己的孩子吗？给他报的兴趣班，是他真的喜欢的吗？大学报志愿的时候，给他选的未来光明的前途真的是他想要的吗？有一个大学生的父母，在她毕业时费尽心思帮她安排了一个让别人很羡慕的好工作，可是她真的喜欢那个工作吗？去了以后真的快乐吗？她通过关系走后门进去，真的能抬得起头来被大家认可吗？父母不管这些，父母只想给孩子安排最好的，但是其实被安排的孩子并不快乐。

» 应该传递给孩子的心理观念

- 构建内在价值体系（而不是外在的分数、排名、别人的目光或评价）
- 追求完整而不是完美（能看到世界和人性的真相——光明面和阴影面共存，不执着于任何一面，尤其是要接纳阴影面和人性的缺点）
- 学会倾听自己内在的声音，知道自己真正想要什么。改变非理性思维，不要总想着“应该”“必须”

我们许多父母很操心，上初中帮孩子找最好的初中，上高中帮他找最好的高中，如果没考上好大学，一定想办法给他安排进去。可是进去之后呢？孩子要面临什么样的压力？孩子有什么样的感受？父母往往不了解也不关心。很多父母自认为非常了解自己的孩子，但其实在这件事上孩子才最有发言权。我碰到的很多案例中，孩子的痛苦恰恰来自他觉得其实父母并不了解他。

没有自主性，没办法按自己意愿生活

下面我们谈另一点，就是我们的父母现在有时做得“过好”了，过犹不及，所谓的“过好”就是我们把孩子生活的方方面面都安排好了，什么事我们都要操心都要管，结果孩子觉得窒息或变得没有自主性了。我问过很多学生，你长大后想要干什么？你未来要过什么样的生活？很多学生回答“不知道”，或者说“想也没用，所以无所谓，反正最后也没有办法按自己的意愿生活，都是要听父母的”。

» 应该传递给孩子的心理观念

- 合理表达情绪情感，接纳负面情绪比如愤怒、恐惧、哀伤甚至抑郁等，不要一味地压抑或回避。
- 学会换位思考，遇到问题要从多角度看。
- 保持思维的独立性，敢于质疑敢于说不。不能总强调要听话、要乖。
- 善良、真诚、合作，不能过分强调竞争。如果把别人都看成是敌人，我们就活在地狱里；如果看成朋友、内心充满爱与感恩，我们就活在天堂。

我觉得没有人生目标或不能按自己的意志生活，这是一个非常大的问题，会带来非常大的痛苦，包括对很多成年人来说也是这样。什么是最大的痛苦？是你没法做自己！你明明很想去唱歌，你妈妈说不行，你得学理工；你明明很想画画，你爸说不行，你应该去运动，或者去看书。总之我们家长经常犯的错误，就是想用我们认为最好的方式去塑造孩子，把我们认为最好的东西给孩子，而不管孩子需要什么或孩子想干什么。我们给了孩子我们认为能给到他的最好的东西，但是由于我们并不知道孩子这个时候真正最需要什么，所以我们给的往往可能不对。比如一个小孩渴得要死的时候，他最想要的就是一小杯水而已，可是我们可能给他很多燕窝、巧克力、蛋糕之类的。当这个东西不是他最需要的，你给的那个东西再好也没有用。所以我觉得这是家庭教育中很多人困惑的原因。

我听到很多父母说自己很民主，把孩子当朋友，可是跟孩子一谈发现又完全不是一回事，尤其是到了青春期的孩子，他们开始有了自己的想法之后，我发现父母口中的孩子和这个孩子认为的自己，或者父母认为的自己和孩子眼中的父母，有时完全不一样，甚至差十万八千里。

【案例】一个高中女生最想做的就是去跳舞，并且想以后以跳舞为生，当一个最好的舞者，结果她不小心腿受伤了，而且很严重，有可能以后再也不能跳舞了。这对她是一个很大的创伤，不仅仅是身体上的，更重要的是心理上的，她的整个梦想破灭了，这是一种非常大的丧失感。但是她的家长并不太理解她的痛苦，觉得不跳舞也没什么，可以干别的，所以这个孩子就只能自己独自承受这种痛苦和压力。在孤独地熬了大半年以后，现在开始出现严重的抑郁症状并去看医生。医生确诊后，父母仍完全没办法理解，第一句话就是“你怎么可能得抑郁症呢？”就这一句话，让本来还有点想跟父母交流的欲望立刻被压了下去。这个学生当晚就不回家了，父母找不到她急坏了，还不明白问题到底出在哪儿。

你不接受孩子的抑郁情绪，孩子只能变得更抑郁。

侵犯了孩子的自我空间

【案例】有个孩子抑郁休学后天天在网吧待着不回家。他爸爸就不明白，为什么要待在网吧，家里也有电脑玩啊。我问他爸爸："在家里允许孩子上网吗？允许他不睡觉熬夜玩游戏吗？"他爸显然是不能接受的，到后来勉强接受了，但孩子仍不肯回家来，给出的理由是网吧灯光暗舒服。后来这个孩子跟咨询师交流时才说到真正的原因，因为他在家里待着的时候，他根本没有自己的时间和空间整理心情。爸爸妈妈太关心他了，太害怕他抑郁了，所以随时会跑进他的房间，一会给他倒杯水，一会给他端杯茶，一会给他削个苹果，让他烦不胜烦。

» 现代家庭的心理教育有哪些内容

- 生命教育
- 感恩教育
- 性心理教育
- 安全教育
- 情商教育
- 挫折教育
- 情绪管理、时间管理等

当一个人心情抑郁的时候他需要干嘛？他需要退到一个洞穴里去疗伤，他不想见人，不想做事，可能这个时候看起来生活一团糟，不去上学了，天天玩游戏等等，但是他需要这样一段时间和空间来自愈，这个时候他不需要别人老是打扰他，过度关心他。这也是我们父母经常会犯的一个错误，总以爱的名义随便侵犯孩子的边界。

有人说过如果一个人的成功和获得的荣誉是0，健康就是前面的那个1，没有这个1，再多的0也没有用，其中的健康就包括心理健康，心理不健康，成功了也不幸福。现代精神分析心理学认为，命运就等于强迫性重复，一个人长大后的重要人际关系基本等于小时候他所面临的亲子关系，亲子关系奠定了一个人的人格基础和情绪基础。所以我觉得心理教育最好的实施者还是家长。接下来我主要强调两个观点。第一就是良好的亲子关系是家庭心理教育的前提和根本，第二就是家庭心理教育成功的关键是父母自身的学习和成长。

良好的亲子关系是家庭心理教育的前提和根本

好的家庭教育一定离不开好的亲子关系。那么什么是好的亲子关系呢？

孩子与父母是平等的

首先孩子得跟父母是一种平等的关系，父母要尊重孩子，理解孩子，允许孩子表达自己真实的情绪，双向沟通，而不能只强调让孩子“乖”“听话”。传统家教中非常强调父母的权威，强调孩子对父母的服从，比如《弟子规》中所宣扬的“父母呼，应勿缓，父母命，行勿懒”，这看起来没错，但往往忽略了孩子也是一个具有自我意识的独立的人，仅强调孩子对父母的服从，孩子的自我意识和内在需求就被压抑了。父母过于强势，孩子就只能变得弱小或叛逆。

» 什么是良好的亲子关系

- 首先，孩子得跟父母是一种平等的关系，父母要尊重孩子，理解孩子，允许孩子表达自己真实的情绪，双向沟通。
- 其次，好的亲子关系是父母要让孩子感受到无条件的爱，不能让孩子觉得只有听话父母才爱我，只有成绩好父母才爱我。
- 好的亲子关系是放手让孩子独立，让孩子做他自己，鼓励孩子去实现他自己的梦想。

【案例】有个学生家庭环境很优越，上初中后遇到一个同学给他起外号，经常取笑他并威胁着如果告老师就找人打他。他跟父母说过，但父母仅仅让他不要理那个人或打回去，结果压抑了几个月后得了抑郁症，父母这次重视了，四处求医。他爸爸百思不得其解，为什么他不敢反抗不敢打回去，后来了解发现这个孩子小时候就很内向，不和家人沟通，父亲虽然自认为很民主对孩子很好，但其实管教很严，孩子从不敢表达不同的意见，在家从不敢发脾气，不敢说个不字，在学校面对一个很强势很凶的同学，他又怎敢反抗呢?

所以说，要允许孩子在家自由地表达情绪，并教会他们处理情绪，尤其是处理愤怒、恐惧、哀伤等负面情绪，而不是一味地压抑情绪。

让孩子感受到无条件的爱

好的亲子关系是父母要让孩子感受到无条件的爱，不能让孩子觉得只有听话父母才爱我，只有成绩好父母才爱我。现代社会，我们常强调一个人要有自信心和安全感。自信心和安全感基本来源于小时候父母的爱和肯定。如果一个孩子内心确定父母是爱自己的，那么他就会觉得自己是好的，是值得人爱的，他就会相信自己，长大后遇到困难就会有勇气面对，不怕失败，不容易陷入抑郁，更不会自杀。自卑的人内心总觉得自己不好，哪怕获得了成功也不相信会长久，总担心自己一旦不成功了就什么也没有了，遇到困难更容易灰心丧气，陷入抑郁和焦虑。

放手让孩子做想做的事

好的亲子关系是放手让孩子独立，让孩子做他自己，鼓励孩子去实现他自己的梦想。现在很多孩子都厌学，求知是一个人的基本需求之一，为什么孩子会厌学呢？那是因为孩子没感到学习是自己的事，是一种乐趣，而成了为父母学、为老师学，那怎么会有动力呢？内心没有动力，没有自己的梦想，怎么能学得好呢？即使学得好，到了大学也很茫然，也不开心，不知为什么而活。

【案例】一个大学生，父母都是大学老师，从小一直都很听话，学习成绩也好，考大学时想考到外地，结果却在父母的安排下上了父母工作的重点大学，他感觉自己做的一切都是父母的意愿，生活越来越没意思，逐渐陷入网瘾不能自拔，学业完全荒废，后来又陷入抑郁症，不得不休学治疗。

个体都有自我实现的愿望，而现在很多学生根本都不知道自己真正的愿望是什么，仅仅是父母要求的考个好大学，找份好工作？自己内心的声音呢？压抑到连自己都听不到，所以抑郁的学生越来越多。“郁闷”一度成了大学生中的流行词汇。我们说心理健康的第一个标准就是了解自己，悦纳自己，而一个缺乏安全感，不知道自己想要什么，内心抑郁自卑的人谈什么心理健康呢？

» 你了解你的孩子吗

- 他是什么样的性格？
- 他的优势和劣势是什么？
- 他的兴趣爱好是什么？
- 他的人生理解是什么？
- 他对自己的评价是怎样的？
- 他觉得别人对他的评价是怎样的？
- 他对过去的自己怎么看？
- 他对自己的未来抱什么态度？

家庭心理教育成功的关键是父母自身的学习和成长

在家庭教育中，父母往往把重心都放在孩子身上，很少去反思自己的问题。前面提到，事实上临床中我们发现孩子的问题往往都是家长的问题。很多时候，家长改变了，孩子也就跟着改变了。很多道理父母都懂，也自认为对孩子很好很民主，但往往意识不到自己的问题，或者意识到了也总做不到。这就要求父母自身要不断学习成长。

我觉得所有的父母都应该学点心理学，一方面了解自己的内心，处理好自己的情绪和创伤，以减少对孩子的投射和控制；另一方面了解孩子的心理，用孩子能接受的方式管教孩子，才能事半功倍。有一个女孩才九岁，经常喊头疼，不肯去上学，被医院诊断为抑郁症，后来治疗发现那个孩子其实没太大问题，她妈妈问题很大，过于焦虑控制，孩子一不听话她就情绪失控，往死里打孩子，之后又后悔自责。经我们劝说，她妈妈做了一段时间的

心理分析后，孩子就什么事都没有了。所以，对孩子进行心理教育，首先父母自己得心理健康。自己都不健康，光教育孩子是没有用的，只能无意识地把不健康的心理传给孩子，一代传一代，形成不好的家族命运。所以，当代家庭心理教育，父母自身首先需要学习成长。

最后送给大家《秘密》这本书里提到的4句最有魔力的话："我爱你""对不起""请原谅""谢谢你"。我们要经常说，不光对自己说，也要对孩子说。我们经常习惯性说这样的话，你的心情会不一样，你的孩子会感觉到不一样，我们的整个社会风气也会得到一些净化。谢谢大家！

» 推荐书目

《爱与自由》《好妈妈胜过好老师》《家为何会伤人》
《窗边的小豆豆》《遇见未知自己》
《如何说，孩子才会听；如何听，孩子才会说》
《遇见心想事成的自己》
《秘密》《零极限》《生命的重建》
《不抱怨的世界》……

我们的父母只有多看书多成长，自身心理健康，才能承担给孩子进行心理教育的任务。

水上安全与防骗拐

何贤访

广州公共危机预防协会认证特级讲师

广州市公安局平安广州宣讲团讲师

平安广州志愿服务总队副总队长

广州市志愿者学院青少年社会工作培训师

（扫码观看本讲视频）

今天我们跟大家一起学习一下如何规避危险。

我做过很多危机实验，烧过房子、电瓶车、公交车，砸过玻璃，爬过楼，我们在做这些实验的过程中发现，事实跟民间传说中的安全教育有巨大的区别。我们传说中的安全教育都是听以前的人说，根本没有人去想，为什么我们要这样做？今天，我们就来告诉大家为什么。

危商意识的培养

泰国有12个小朋友，被困溶洞深处10天，这12个小朋友没有发疯，没有乱，他们安静地坐在地上等待救援，在他们等待的10天里，其实根本没有人知道他们在哪里，可以说他们其实坐在那里等死。

我们有智商，有情商，但是我们自己，我们的孩子，有没有在没有希望的黑暗当中冷静等待10天的危商？

这种心理因素是我们缺乏的，平常爸爸妈妈跟我们说遇到危险应该怎么办？大概就是“不要碰这个，不要碰那个，不要爬，不要跳，不要玩，不要摸，不要动，不要看”。

我们是远离了危险，但是也缺乏了面对危险的经验。

我家宝宝小时候吃饭，我们在家打火锅，当时宝宝还很小，他伸手想摸一摸那个火锅的锅。

奶奶说，不要摸，会痛，这就是我们通常的教育，但是孩子并不能理解什么是“痛”，这时候需要爸爸介入，带领孩子一起快速摸一下滚烫的锅，不会受伤的同时可以真实体验到“痛”，孩子感受到了“痛”，就会对所有会产生“痛”的东西产生戒备之心，初级的“危商”就这样出现了。

认识危险：水上安全

我们来猜一下人掉到水里，在没有外力介入的情况下，会有几种死法？

第一种：淹死。

第二种：冻死。我在非洲掉下水，会不会冻死？会。因为所有的自然水域，水温基本在25摄氏度左右。只要泡足够长的时间，你的体温就会跟水温一样，人的体温低于35摄氏度，就会产生病变，低于32摄氏度，全身器官机能衰竭，所以只要泡的时间够长，人会冻死。

第三种：吓死。当然从家里的浴缸掉下去是不会吓死的。但是不要说太平洋，就算是直径一百来公里的鄱阳湖、洞庭湖，掉在中间，也足够让人崩溃了，跟那12个小朋友一样，这种等死的心理煎熬我们能不能熬过去？我们的小朋友从小到大学习这么多知识以后，他们有没有训练过这种面对危险的危商？当他身临险境的时候，能不能冷静地对待自己的事情？

怎样才算“会水”呢？

溺水是小朋友在暑假里面遇到的最大危机，溺水在最近五年里跃升为小朋友暑假死亡杀手的第一位。

现在问题来了，你会游泳吗？

我们有句老话是这样说的，“淹死的都是会水的”。所以有人认为：“淹死的都是会水的，所以不会水的不会淹死。”

真的吗？想想都不可能！

为什么会有这句话出现，是因为大家对“会水”这两个字有误解。

【“会水”的定义】

（1）你能够使用至少一种标准泳式。

（2）可以有效分配自己的力量进行长距离游泳。所谓长距离游泳，最低限度1000米，最好能从吃饱游到饿为止，不落地，叫长距离游泳。

（3）有足够的体力和心理应付水中遇到的自身应激事件，如意外呛水、抽筋、水草缠脚、鱼咬脚趾这类事情。

（4）最重要的，清楚了解山溪、湖泊、河流、海洋等各种水域的危险性，并且对这些危险有预知和防止的能力。

做到这四条，你才是一个真正会水的人。

【案例】几年前我有一帮朋友去爬山，爬到半山腰的时候发现山上面有个湖，水面非常平静，水很清澈，一帮人就在那里玩。玩着玩着，最外面的人突然喊救命，这个时候有一个知识很丰富的朋友，作出第一个反应，不是冲下去救人，而是返回岸上。几秒钟以后拿着一根长竹子回来，伸到水里把那几个喊救命的人拉回来，他们遇到什么了？怪兽？没有的事儿！

这个高山湖的湖底有一条水道直通地下河，落差几百甚至几千米，我们在上面是看不到的。那个湖就是一个巨大的抽水马桶，底下的水向下流动，水底会产生漩涡，接近的东西就会被旋涡吸进去，吸进地下河的结果，是最后会变成化石，永远出不来。

所有的水域都有你想象不到的危险，所以在你完全了解所有危险之前，不要认为自己会水。

【这是给所有不会水的人的建议】

（1）欺山莫欺水。

（2）要在安全、有救生员的地方游泳。

（3）实在要进入未知水域，请做好发生意外的准备，提前避免危险，睁大眼睛不要让自己掉到坑里。

（4）至少要学会游泳，不会游泳的能自救的机会很小，变数太大，学什么都没用。

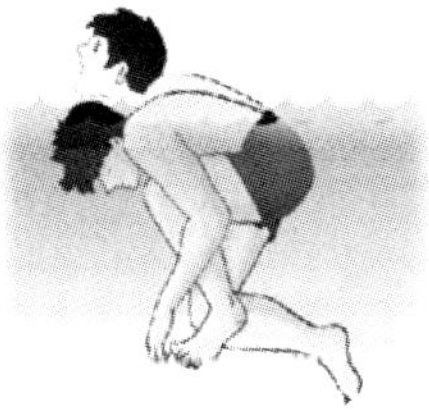

》浮水三法·水母漂

适用：完全不会游泳的人作短时间漂浮，会游泳但遇到抽筋可用此法处理。

方法：深吸一口气后把头沉入水面，让自己的背部浮在上面，双腿放松垂下，双手轻轻打开，等到要换气时，双手用力向下合抱，令自己上身获得向上的推力，同时挺腰让头部露出水平面趁机换气，下水后恢复漂浮动作等待下一次换气。

不要下水救人

如果你遇到别人掉下水，应该怎么办？跳下去救他好吗？在我们的传统防溺水教育里面有一句话：“不要轻易下水救人，或者说不会游泳，不要下水救人。”

谁算会游泳？刚已经说过。

但是那句“不要轻易下水救人”，却害死了很多人。统计数据显示：掉下水淹死的人，跟下水救人的时候淹死的人，数量几乎相同。

换一句话说，如果小明掉下水了，你站在这里看，不下水救他，会死少一半人，这个过程好像看起来很无情，但是很真实。如果没有人下去救人，死亡人数可以减一半。

所以从今天开始，请把这句话换成“不要下水救人”。

好了，我们可以干点什么呢？

（1）呼救。不是打电话，而是呼救让周围人过来帮忙，你呼救的时候必须用手指着小明，那么对面河的叔叔他就不用来问你，他顺着你的手指就能找到小明在哪里，就有机会去救他。所以遇到别人溺水的救援方式是用手指指着他，一边走一边喊：“他在这里，救他！”

（2）朝他扔东西，扔会浮的东西。比如救生圈。但是不是到处都会有救生圈，我们可以自制一个，把妈妈给你买的瓶装饮料倒光，盖好盖子，塞在你的书包里，就可以成为一个简易救生圈，两个1.5升的饮料瓶子就能让一

» 浮水三法·仰面漂

适用：会游泳并且水面上能放松、漂浮技能相对较好的人群。

方法：仰面朝天，全身放松，小口小口地换气保持肚里有大量空气就可以浮在水面上。

个150斤左右的大块头叔叔浮起来，当然，我们还可以用自带的水瓶，瓶子越多，浮力越大。

我们还可以给小明扔另一样东西——绳子，现在在很多河边都会备有救生绳。但要记得，小明拿住绳子以后，你必须坐下或者躺下，不要站着蹲着，避免被小明拉下水。没有绳子的时候，可以把衣服连在一起，做成一条长绳子，同样可以救人。

（3）绝对不能用手拉手的形式。因为人龙中，第二个人单手承受第一个人30%的体重，第三个人就要单手承受前两个人30%的体重，以此类推，人龙越长，后面的人压力越大，最后一个人可能要单手拉住10个人30%的体重，等于3个人的体重，也有可能变成更高，这不是人可以承受的力量，会让整条人龙一起落水，可以说是死人最多的救人方式。

有小朋友问：“那什么时候可以下水救人呢？”

等有一天你长大了，参加了一个水上救援的正式训练，到时候就不用我说了，你被训练过之后，自己就能清楚到底什么时候能下去救人。

》浮水三法·青蛙跳

适用：此法是放弃漂浮以获得逃离水面的机会，适用于不超过2米左右水深的地方。

方法：先呼出体内所有空气，放松让自己下沉，脚碰到水底以后借力向上往岸边跳，跃出水面以后换气，重复动作，直到到达岸边为止。

认识危险：防恐防拐

还有很多危险其实是由坏人引发的，或者是由坏的事情引发，坏的事情其实并不难看出来。比如说下大雨的时候，涵洞里面就是危险的地方，这个并不难看出来，最难看出来的是人。

如何辨别陌生人

问题：谁是坏蛋?

大家觉得坏蛋脸上有没有写字？没有，不可能写字？

错了。坏蛋脸上写着字，不过你不认识。今天我来教大家认字。

万事存在都有原因，任何人出现在一个地方，总有他出现的原因，只要你仔细地去观察，用心地去分析，一定能找到他存在的原因。

关于存在原因的分类，一共有三种人：

（1）这种人的存在原因是希望你知道，比如卖东西的商人，他们会拼尽全力让你知道他在干什么，一眼就能看懂。

（2）这种人的存在原因是不想你知道，比如坏人、间谍，但是他们会用很多种不同的方法去掩盖，你没法轻易辨认，当然他们也不一定是坏人，比如卧底警察、暗访记者、国安特工。

（3）这种人的存在原因无所谓别人知不知道，就是普通人，他们毫不掩饰，面相固定，非常容易分辨，所以，我们来学习一下辨认普通人，等你能准确地判断出来人不是第一种和第三种人，那他很大机会就是第二种人。

第三种普通人，也分三类：

（1）我把它归类叫作赶路的人。比如我需要出发去哪里，我所有的注意力都在路上面。你们是谁跟我一点关系都没有。我不会关注你们的，你们在走的路上也不会关注其他人。这是每一个赶路的人的相貌，又比如骑自行车，骑自行车的时候我们会看车轮前面大概十米的位置。爸爸开车的时候也看着前面，同时会看后视镜。如果小朋友跟他说话，他绝对不会看你，他会跟你说，不要跟爸爸说话，爸爸在开车。这就是所有赶路的人的样子，他们的关注点在他们将要去的路上。

（2）叫作有所求的人，当你逛商场的时候，你突然想上厕所，你会不会看着自己前方十米的地方？会不会？不会，因为那里没有厕所，这是赶路的人的样子。而想上厕所的样子是，向上看，因为厕所的标记在上面。

（3）叫作等待的人，等什么呢？等人、等车、等时间。

请问：等公交车的时候，你眼睛看哪里？看车来的方向！左边，因为我们的公交车都从左边来，你在公交站旁边远远地看过去，你会看到很整齐，一批人都在看左边。这一批人当中有一个人是反过来看的。我不能说他是干什么的，请你多留意他。

另外一种是等人的。左右看的大部分不是等人的，那是演戏的。真正的等人，其实你大概能猜到对方从哪里来，你会比较多关注同一方向，而且你的眼神会比较高。等人会看人的脸，看来的人是不是我们要等的人。现在我们身上的东西多了，等人的时候还会拿个手机出来，发个微信，如果你看到一个人到处乱看，仔细打量每个路过的人，而他自称等人的话，对不起，我不信。

面对不合常理的事情提高警惕

当你发现一个人，他的存在原因跟大部分普通人总有点不同，就有可能是坏人，这个叫坏人定律。比如在车站长期看右边肯定不是等车的，你在这里假装等车你就有问题。

所有不合常理的事情发生，都有可能是坏人做的。

只要他做的事情不合常理，他就有可能是坏人。

（1）大人比孩子厉害，不可能需要小朋友帮忙，但如果有一个陌生大人过来跟你说，小朋友帮叔叔带个路，叔叔不认识路，你可以跟他说用百度地图。一个成年人你敢跟我说不认识路还要我带着，就是不合理的，你遇到的极有可能是个坏人。

（2）大人说我给你买糖吃好吗？大人都不认识你，他凭什么给你糖？他有糖也会给他认识的小朋友，为什么要给你？这就是不正常、不合理的状况。不合理的事情可能就是坏人做的。

（3）信息，什么叫信息？你家住哪里？你爸电话多少？你叫什么？你在哪个学校读书？这些信息对于普通人是没有作用的，所以没有人有兴趣打听你，如果有人去打听你的这些信息，这就是不合理的，不合理的事情可能就是坏人做的。

（4）我们都是普通人。就算你长得再帅，你也帅不过明星，所以明星出来你会盯着他看，而你不是，我凭什么盯着你看？如果你发现有人盯着你看，这就是不合理的事情，盯着你的有可能是坏人。

好了，今天我跟大家讲了三个话题，一个危商的建立，一个防溺水，一个防拐防骗，我希望我们的孩子能拥有真正的知识，把控危险，直面风雨，温室里养不出参天大树，欢迎大家继续关注安全知识。

相信每一道成长的风景都是美的

周 洁

正高级教师，华阳小学党总支书记、校长，广州华阳教育集团理事长。党的十九大代表、全国优秀小学校长、全国社区教育先进个人、2017广东教育口碑人物、广东省中小学名校长工作室主持人。华南师范大学、广州大学兼职教授，国培项目专家。11项教育教学成果获全国、省、市一、二等奖，其中“七彩生本自立课程的构建和探索”获国家教育教学成果奖。

（扫码观看本讲视频）

孩子是国家的未来，也是家庭的未来。孩子的成长需要良好的环境，既包括学校育人环境，也包括家庭育人环境和社会育人环境。

教育是什么？教育是大家非常重视，但又不是特别满意的一种现实。教育永远是百家争鸣，但难忘初心的讲堂。教育是不断有目标，但总跑不完的路。教育是永远奋力书写，但也写不完的书。

其实教育是孩子困惑迷茫时的引领，是孩子自主学习时的关注，是孩子独立放飞时的鼓励和鞭策。

孩子上学了，家长其实也上学了，我们相信每一道成长风景都是美的。陪伴成长，引领成长，和孩子共同成长，是家长和老师的必修课。

引领孩子成长：孩子的第一所学校与第一任老师

家庭是人生的第一所学校，也是陪伴孩子终身的学校。父母是孩子的第一任老师，也是影响终身的老师。对孩子的有效教育，是让孩子看到你如何做事做人，父母的精神世界直接影响着孩子的生命品质。

家庭是人生的重要场所，童年是人生最神奇的阶段，父母是孩子最长久的老师。家庭教育有实效，学校教育就会特别高效。

教育都是美好的，分歧来源于隐含的教育目标不一致。教育的目标取决于父母的价值观，我们都应该追问自己，孩子的一生最重要的是什么？如何让孩子在时代长河的跋涉中拥有可持续发展的能量？比如健康的身体、良好的心理素质和自我驱动的学习能力，这可能才是教育应该保持的姿态。父母不应让孩子延续你的梦想，而是要帮助孩子发现自身的天赋和潜能。期望水

平是家庭教育的核心，你的教育方式都集中在你对孩子的期望：准备让孩子往哪里跑？终点在哪里？

在华阳小学，我们的培养目标是培养拥有完整心灵的太阳娃，要让家长在这里找到孩子的特征。我们认为孩子成长最重要的是热爱运动，因为良好的身体素质是孩子能够走得远的基本条件。华阳的生本教育非常关注阅读，我们希望孩子能够享受阅读、文明有礼、实践创新、乐学善思、个性鲜明。

为此我们学校研发了七个课程群，分别是橙之健运动课程群、赤之远责任课程群、紫之贵美德课程群、蓝之海思维课程群、绿之趣阅读课程群、青之跃探究课程群、黄之魅展能课程群。一大批学子在这些课程群的滋养下激发了潜能，展现了生命的精彩。

譬如在华阳开启了七彩科学梦的叶泉志，目前在美国深造，他长期致力于小行星研究，是第一个发现NEAT小行星的中国人。

北京奥运会开幕式主题歌《我和你》的编曲、原唱常石磊，也是在华阳种下了七彩音乐梦。还有亚太童声榜冠军——2015年毕业生梅占峰原创歌曲《向着太阳奔跑》，成为我校校歌，深受孩子们喜爱。8岁男孩常骏祥创作的《华阳号》美术作品，诠释了“生本华阳 逐日远行”的精神，成为我校校园文化的经典之作。

许多社会活动也闪现着华阳学子的身影，例如央视国际频道报道小记者杨秉翰采访了十位大使；华阳百灵鸟郑璐宜8岁在电视台举办了个人演唱会。

朱子悦受广州市市长邀请，参与全球路演，助阵广州《财富》全球论坛，代表广州小学生参与了“财富小信使致信世界500强CEO和领军企业代表”活动，向时代国际公司执行主编钱科雷发出邀请信：“我相信，届时您和全球精英们探讨的每一个议题，与我们分享的每一句话都能帮助我们让世界变得更加美好。”

广州足球小将张澍霖成为世界杯护旗手，他说：“我的梦想是以球员身份参加世界杯。”

我们深信：教育的一切行为都是为了满足儿童的成长需要，使他们内在的生命力、潜能得到充分发挥。教育者应当有意识地让孩子广泛接触世界，提升品位，陶冶情操。

陪伴孩子成长：孩子也是父母的老师

教育之路，任重道远。教育路上，孩子也是父母的老师。身为家长，我们不妨重新认识一下自己：权威的父母、放任的父母、溺爱的父母、民主的父母。

在日常生活中，也有种种育儿的怪圈，不妨想一想，下面的状况有我们自己的影子吗？

现状一：吃惯了父母定下的套餐，面对自助餐就不会选择了！现状二："只要你过得比我好"——盯着赢的结果，忽视了过程的重要。现状三："成绩搞好就行，其他我来"——导致了孩子"生命中无法承受的自由之轻"。现状四："别捣乱"——因为怕孩子添乱，限制了孩子动手的机会。

从某种意义上说，孩子也是父母的老师，督促父母把从前忽略的课程补上，不断完善自己的人生地图。

让孩子找到成长的乐趣，最有效的方式是体验。在华阳小学，有许多班级大力倡导体验，让孩子们自主成长。譬如先行者中队，他们发起了"为爱

光头”等一系列活动，用实际行动向同学传递关爱。还有“探索号”中队开展的“我的中队我做主”“中队会课我来说”，孩子们在属于自己的舞台上尽情展示，传达着纯真的童心，快乐成长。

六（5）班的邱靖老师是土生土长的广州人，她在几届学生中开展了“粤语时光”的班级特色课程，引导孩子们说粤语、陪伴孩子们欣赏粤剧，在丰富多彩的体验中多角度地认识粤文化。

还有吴宇晖老师为了创设更好的班级阅读氛围，开设了班级电子图书馆，并开办正面教育家长工作坊，整整坚持了六年，并将家长们的学习心得汇总为文集《听花集》。

老师和孩子们的智慧总是层出不穷，为了互相学习，取长补短，大家还打造了各类班级联盟，例如阅读大联盟、经典教育联盟、小班干部联盟、精品课程任教老师联盟……团队的力量让我们走得更快更远。作为家长，我们的可为之处还有很多。

我们可以为孩子树立学习的榜样

2018年7月，我们学校的现代乐团走进了维也纳金色大厅，这个乐团成立于八年前，现在是亚洲第一个混编乐团。六年前，乐团团长郑海洋老师告诉我奥地利有一个世界级的音乐大赛，邀请我们乐团参赛，因为乐团第一次参赛就拿了全省的一等奖。可是由于种种原因一直无法成行。去年假期，我们华阳家委会会长牵头做了方案，召集了一群家长，组织了前往奥地利维也纳出访的活动。方案非常细致周全，预案就有三套。我们这个团有90人，带了一大批乐器，但出行的家长只有20多个，很多妈妈穿越欧亚，手里牵的是别人的孩子。很多爸爸放弃了重要的工作，去做世界级的搬运工，终于让我们的孩子在维也纳金色大厅演奏学校自己创作的校训歌曲，获得了世界级的影响。

活动回来后，我深夜12点钟在学校迎接孩子们，大家经历了二十多个小时长途颠簸，两次转机，坐轮船再换大巴回到学校，家长和孩子分享收获，兴致盎然。这次出行让孩子们感受到了责任、友爱与心中有他人。我们做每一件事，都要让孩子知道有始有终。这十几天的文化交流是一个成长体验的课程，一个培养责任意识的课程，一个团结友爱关爱他人的课程。它让孩子知道，成长需要付出、坚持和团结协作，这种经历是最为难得的。

我们还需要让孩子知道的是感恩和责任。有一年毕业季的一个晚上，学校的一间课室灯火通明，原来是这个班的孩子毕业了，几个妈妈带着他们回到曾经的课室，把所有地方打扫得干干净净，包括原来贴宣传画的不干胶都清理干净了。然后在黑板上写，我们是六年四班的孩子，我们即将毕业了，现在把这个课室打扫干净，留给下一届的孩子们，祝福他们在这个课室里学得好，成长得更好。我在学校的交流群里看到这一幕时，我想这真的是一群华阳最美的母亲，一张永远经典的照片。

我们要鼓励孩子挑战困难

有一句话说，每个微笑的面孔后面都是一个咬紧牙关的灵魂。很多大家看起来光鲜的背后，有多少的酸甜苦辣，每个孩子在成长过程中都会遇到这样那样的困难，克服困难需要支持鼓励。我们每个年级都有特殊的孩子，这些孩子也有接受义务教育的权利。但这些孩子的确会跟其他孩子不一样，怎样去面对这些问题呢？我记得几年前，我们学校开展了一次全校性合唱比赛，每个班都是全班上场，一个都不能落下。我们的家委、家长、老师们都铆足了劲，先在班级彩排，然后到年级选拔，再到学校舞台。每一个孩子都要为班级的荣誉和自己的梦想而努力，这种过程非常宝贵。

有一天我站在校门口，有一位妈妈表情复杂，送了一封信给我，很厚而且是手写的。她告诉我，她的孩子是一个很特殊的孩子，今天他们在年级参加比赛，之前家委会希望孩子不登台演出，因为孩子一演出就满地打滚。其实家长已经很包容了，他参加训练、彩排，但是担心他走到舞台上时，因为他影响了演出效果，影响了班级荣誉。这个妈妈告诉我，她心里特别难过，孩子就是完全管不住自己，他有一种身体疾病，叫作交往障碍。她说："我也很理解家委们，但是我特别想孩子能够站在那个舞台上。"在孩子和家长心目中那是一个艺术的殿堂，班主任跟家长们做工作，说这个小朋友是我们的一份子，无论结果怎么样，我们都要让他站在舞台上，因为一个都不能落下。所以这个家长写了这封信，申请跟她的孩子一起站在舞台上合唱。我同意了，虽然这个班没有进入决赛，但是演出的现场特别感人，我拍了照片在全校进行了分享。我觉得这个班主任的做法和家长的坚持，以及其他家长所表现出的包容和大爱是值得学校弘扬的。

有个孩子不能参加考试，每次考试他都要躲起来，班主任每次都买一些巧克力来哄他。一到三年级的时候告诉他："你今天安静考试，不管考多少分，老师都会奖励你，因为你坚持做好自己的事了。"五年级了，这个孩子有一天对老师说："今天不要给我准备吃的，因为考试是我自己的事情，我自己会完成的。"我觉得其实教育是需要爱的，但爱是讲究方法的，爱是要有目标、有要求的。这个时候给孩子更好的爱，他会更好地成长。

我们要善于掌握孩子的感受

我们学校的德育部门充满智慧，经常设计成长红包。有一项红包特别关爱我，比方说让抽到红包的孩子在这个学期跟校长一起去看电影，或是去拍照、去吃饭。跟孩子午餐的时候，我了解到的是最多的。有一次午餐时，我让孩子分享班级的趣事和一些困惑，有一个孩子表情凝重地站起来问："校长，我想问一问我的老师什么时候回来？因为她生宝宝了，我们好想她。"我看到孩子的表情，就读出两层意思：一方面是原来的老师特别优秀，第二就是对暂时带他们班的老师，可能就没有这么喜欢。我安慰道："特别感谢你，我一定告诉老师大家特别想她，她在家里带孩子很辛苦，听到大家的关心她一定很开心。其实接替的老师也非常优秀。"我讲了很多关于这个老师的故事。孩子的眼神慢慢温和了。午餐结束时，我专门留意这个孩了，他特别高兴。所以倾听沟通可以让孩子信任老师、家长，这些方面我们家长可以大有作为。

选择和孩子一起成长：和孩子一起探索成长的路

孩子成长的乐趣在于发现。教育要是把每个人的潜能发挥出来，就能享受生命千姿百态的美。找到了爱的方法，孩子就会成长得更好！

华阳小学有一个“笑榕社团”，班主任沈小玲老师带领着孩子们认领了校园里那棵郁郁葱葱的大榕树，大家精心打扫卫生，设立告示牌，细心呵护着榕树成长。

曹定金老师的“三十号课室”发动孩子们自主管理，自编班报，营造了团结奋进的班级氛围。徐涛老师充分发挥自己的特长和家长力量，开设了“经典诗文与鼓乐文化的结合”班级特色课，让孩子们在经典中浸润、成长。肖彩芳、卢艳艳老师指导的“东篱诗社”撰写了大量活泼有趣的儿童诗，每年协助整理、出版学生作品集《童心童趣》《童言童语》《童心童德》《童花绽放》等。

我们家长如何与孩子一起成长呢？不妨试试以下几点：

多夸奖好习惯。我们学校很多家长都很优秀，也很低调。但优秀的家长也有困惑，他感觉老师总是表扬自己的孩子很好，表扬他特别愿意参与学校活动，特别自信。但他自己怎么就没有觉得孩子这么好？而且孩子在家长面前表现得也没有在学校那么好。为什么呢？我当时也觉得很奇怪，后来我想了想，优秀的人对自己的孩子都有更高的要求，孩子是非常聪明的，跟父母在一起时，总觉得达不到他们的要求，这样优秀的孩子在父母面前，反而表现得没有这么自信。到了学校，因为小伙伴们和老师很肯定他，学校给了他很多舞台，他特别舒展自信，所以状态很好，在家反而受到了束缚。后来我跟这个家长沟通了一下，他也觉得有道理。我告诉家长，要不断地去肯定孩子，要不断地让孩子觉得他很了不起，孩子才有自信和勇气，才有能力成长。好习惯真的要多夸奖，当一个人的正向行为受到认可，他就会逐渐摆脱自卑，激发自信。

让孩子自己尝试。我们要创造一些让孩子尝试的机会，他才能够独立地应对生活。有一天，一个孩子突然跑到我办公室，还带了两个小伙伴，说有个很严肃、很重要的事情要跟校长协商一下。他说："我妈妈周末想来我们学校拍个电影，校长能同意吗？"我一听名字也很正能量，就答应肯定极力配合，还把名片给孩子，让他叫妈妈有什么事直接跟我联系。那天下午他妈妈打电话给我，告诉我其实她已经拿了省政府的批文，但是她就想锻炼一下自己的孩子。今天这孩子去校长那里拿了名片回来，他特别高兴，特别自信。妈妈非常喜悦，她说："我终于知道我的孩子以后一定可以做很多有意义的事情。"我说："其实每一个孩子都可以做些对他成长有帮助的事情，这需要我们学校和家长创造这样的机会。"

别给孩子特权。我们今年新生家长培训时，做了培训讲座和各校区班级特色展示。一个班的节目被选上了，他们有个传统的节日，每年都会排演一个精彩的校园剧。其中一个孩子因为外出无法参加正式演出，虽然他不是主角，只是一个很不起眼的角色。但孩子特别有荣誉感，即使不能参加演出，仍然坚持三天的彩排。他的家住得很远，家长每天开车送他来参加彩排，彩排到很晚，天黑下雨也未放弃。班主任把这个故事说给我听，我觉得特别感动。每一个角色都会让孩子学会珍惜自己的岗位，我们默默地做好小事，今后才能做成更有意义的大事。

相信每一道成长风景都是美的

父母要高质量地陪伴孩子，比如说多读书，成为孩子的榜样。要管理好自己的情绪，不要过多地比较，比较是我们生命中最不快乐的源泉。

我们从小就要告诉孩子们，问题出现了，先从自己身上找原因，如果从小就告诉孩子问题出在别人身上，把责任推到别的地方，这种习惯性地推卸责任会让孩子变得不愿承担责任。

我们要培养孩子美好的情感和对世界的热爱，我们要给孩子原则和规矩，既要呵护他的天性，给他更自主自由成长的空间，但首先不能干扰别人，不能干扰环境。

我们要理性看待孩子之间的差别，但这种差别不是像绿叶和枯叶的区别，而是纹路和叶子颜色深浅之类的区别。教育只要把每个人的潜能发挥出来，就能享受生命千姿百态之美。

在对教育美好的期待中，我们要学会等待，学习的过程是个性化的过程，每个人的进度和方式都有所不同。让每个人都有机会自行调节进度，发展自己，全身心地投入学习，去覆盖这个规定内容，我觉得这就会成就孩子一生的幸福，奠定一生的基础。

孩子成长规律和关键期教育

张锦庭

中国教育学会小学教育专业委员会常务理事

广东省校长联合会副秘书长

第五届全国优秀校长

（扫码观看本讲视频）

教育是没有真正的专家的，谁是专家？谁能成为孩子的重要他人，谁能改变孩子，这个人就是专家。所以不要把教育专家神圣化，更不要认为把孩子放到某个人手上，他就一定能改变。

孩子成长的关键期

孩子的成长有三个关键期。3岁之前是第一个关键期，幼儿阶段，也是人一生最关键的阶段。3—9岁为第二个关键期，是幼儿园、小学衔接阶段。9—14岁为第三个关键期，是小学和初中衔接阶段。孩子的性格一般是在9岁左右形成的，性格会影响甚至决定孩子一生的命运。

性格背后是什么？我们如何帮助孩子塑造良好的性格？可以说，良好的习惯会铸就良好的性格，而习惯是由日常的行为养成的。因此，父母注重孩子的每一个行为就可以培养出孩子良好的习惯。所以必须把行为习惯教育放在第一位，才可以铸就孩子良好的性格品质。

» 教育要讲究方法

第一种方法是德国卡尔威特的天才教育法。
第二种方法是自然教育法。
第三种方法是特殊教育法。
第四种方法是才能教育法。
第五种方法是赏识教育法。

孩子成长的两次反叛期

孩子的成长有两次反叛期。第一次是好奇性反叛，一般3—4岁的孩子总是会问“为什么”。“为什么天是蓝的？”“为什么那灯会亮？”表现出对什么东西都很感兴趣，这个时期的孩子最大的特点就是好奇。作为父母和老师不必在意孩子提出的问题是什么，关键是要认真回答孩子的问题，可以回答不完整或不准确，但一定要让孩子感受到家长和老师是认真对待他的每一个问题的，他的好奇心就会得到满足，感受到被重视，他可贵的好奇心就会得到延续。切忌家长对孩子的问题不耐烦或者敷衍了事。这样会让很多孩子的好奇心和创造力被扼杀在我们的家长手上。孩子得不到引导、鼓励和重视，便无法鼓起勇气去探索世界。

第二次是性格反叛期，发生在12—14岁，正好处于初中阶段。我们要对孩子的性格反叛期十分重视，回答问题要慎之又慎，因为这个时候是孩子世界观和人生观形成的关键期。我们对孩子的教育更多是正面教育，我们不会过多地把社会的负面告诉孩子。但是，他会发现现实社会和老师、校长、家长教给他的内容是不一样的。由于孩子的人生阅历很浅，没有形成系统的人生观、价值观和世界观，就会开始反叛，用自己或者同学的观点来看待问题和世界，如果这个时候不正确引导或者不扭转他的思想，他的学习成绩可能会直线下降甚至误入歧途。

孩子教育遵循两个原则

其实每一个孩子都可以成为优秀的人才，但是需要遵循两个教育原则。第一个原则是日本著名孩子教育专家木村久一提出的潜能递减原则。潜能递减原则可以用一个形象的比喻来解释，假如某个孩子有100度的潜能，假如从0岁开发，方法得当，那么他100度的潜能就有可能全部得到开发，成为100度的孩子。但是，如果你的方法得当，但从5岁才开始开发，结果是不一样的，效果就会递减20%，如果是10岁才开始开发则效果再递减20%。开发时的年龄越大，潜能度开发越难。

因此，教育不要输在起跑线上！这里说的“教育”不只是人工教育，而且是让孩子在日常生活、游戏当中接受大量的、全面的信息刺激。那些在出生后能够在视觉、听觉、触觉和嗅觉等方面接受全面信息刺激的孩子，其大脑神经元联络更活跃，日后的反应能力、学习能力和思维灵活性等各方面都更强。

第二个原则是法国的哲学家卢梭提出来的，他认为每一个孩子都可以教育好。孩子的脑袋充满着满满的一脑袋知识，作为教育工作者、老师和家长，我们不是往孩子的脑袋里灌输知识，而是通过我们的教育智慧、教学方法和教学艺术，源源不断地把孩子的聪明才智发掘出来。孩子不是教出来的，而是引导出来的。

世界上没有两片相同的树叶，也没有两个相同的孩子，在孩子先天禀赋的基础上，我们要做的就是让他把“自己”发挥到最好。

孩子教育的关键期

0—3 岁的教育

1. 母亲的怀孕期，心情开朗及营养饮食对孩子更为重要

0岁的教育，是胎教。准妈妈为了胎儿的健康发育，通过调控自我身心健康，为胎儿提供一个舒适的内外生长环境，适当地刺激成长到一定时期的胎儿，从而促进胎儿的健康发育，改善胎儿素质。孩子是在母亲的子宫中酝酿成人的，母亲的子宫就是孩子的宫殿，整洁舒适、富有营养对孩子的先天发育有巨大的积极作用，所以子宫教育排第一位。怀孕期间，母亲的好心情，舒适的环境和营养饮食可为孩子今后身体打下坚实的基础。关于胎教问题，国外非常的重视，例如，日本的一个著名演员山口百惠，在怀孕期间推掉所有工作，就是为了保护好孩子。培根说：谁推动摇篮，谁就推动社会的力量。

2. 母亲怀孕期间最好能多听古典的轻音乐

我们在广州市先烈东小学的音乐特色班教育中发现，部分孩子天生就有音乐敏感性，而这些孩子的母亲在怀孕时经常听音乐和哼唱。音乐对孩子的大脑有良性刺激作用，可以开发孩子的潜能，促进孩子的发展。古典音乐比通俗音乐作用更大，一个孩子的家长很喜欢古典音乐，妈妈怀孕时一直在听古典音乐，孩子出生后也每天播放几个小时巴赫的《第二组曲》，孩子将两只小手来回翻动，表示呼应和高兴。这个孩子进入小学后情绪稳定、性格乐观，各个方面都很出色。除了古典音乐，大自然的各种声音也会让妈妈和宝宝的心灵变得宁静柔软。

3. 孩子出生最好是顺产，钳产、早产不利于小孩成长

我们知道最好的生产方式是顺产，退而求其次是剖腹产，最后采用钳产。作为多年的一线教育工作者，我经历了12个钳产的孩子，这12个钳产孩

子的各个方面的表现都不尽如人意。自然的东西永远是最好的，顺产的孩子更健康，也可能更聪明，生命力更强。这与蝴蝶破茧的道理一样，蝴蝶要自己挣扎出来才能获得生命的力量，如果有好心人帮助蝴蝶破茧出来，它只能无力地扇动几下弱小的翅膀而夭折。

早产得不到母亲子宫的足够保护，太早来到这个世界就很难适应了。所以孩子能不早产，尽量不早产，但一旦早产就要采取保护措施了，从营养到环境做到全方位的保护。

那么早学呢？过早入学不好，有两个原因：第一，得不到家庭的足够保护；第二，他得不到锻炼机会。这也就是教育部为什么统一学籍，严厉禁止早入学的根本原因。

4. 8个月左右的孩子多给予爬行的机会有利于感觉统合系统协调

8个月左右的孩子要多给予爬行的机会，这是孩子感觉统合训练的最佳时机。这个时候多爬，孩子的感觉统合系统就会协调，这对孩子的健康成长相当重要。但我们现在有一个普遍的问题，是家长过于溺爱孩子，过多用抱或小车子推着走，家长不愿意孩子跑，孩子爬得不够充分，就会出现感觉统合失调的问题。由于后天原因导致感觉统合失调，9岁以下可以矫正。

学校教育工作，第一件事就是要在开学前一周了解学校有多少感觉统合系统失调的孩子，要矫正，凡是属于爬得不充分造成的感觉统合系统失调，9岁以下可以矫正。5岁以下的矫正方式，可以采用下象棋、围棋，我个人倾向于弹琴。在弹琴的过程，首先眼睛要看乐谱，耳朵要听乐曲，四肢要协调配合，这样对平衡系统有一定的帮助。

5. 1岁半是开始训练语言的较佳时期

1岁半是学语言的高峰期，是训练语言的最佳时期。语言其中的一个重要功能是交往，交往是语言的第一功能。教语文课是为了孩子能够和他人交往，如果孩子的语文老师教了两年，但是孩子都不会和别人交往和沟通，可能孩子对语言的理解有问题。交往才是语言的第一功能，所以1岁半教语言的时候，最好把视听语言排在第一位，这利于孩子之间进行交往。

6. 孩子3岁前，父母不宜管教太多

3岁以前爸爸妈妈尽量采用放野性教育，放野性不是不管孩子。3岁以前记录好孩子对事物的观察点在哪里，他对哪种颜色最感兴趣，他对哪种食物最感兴趣，家长要对他最感兴趣和最不喜欢的东西进行登记。这对今后培养他的兴趣爱好和惩戒他有莫大的帮助。孩子不听话，就惩戒他失去最喜欢的东西，他就知道要付出代价了，所以0到3岁的孩子是最好观察的。

7. 孩子3岁前，父母要为孩子提供足够的玩耍时间和亲子相互爱抚时间

3岁以前，尤其是妈妈要经常抱住孩子、抚摸孩子，妈妈的爱是包容性的爱。假如妈妈在3岁之前离开孩子，等于放弃了与孩子的情感连接。孩子的成长有两个基本要素：一是安全，二是爱。3岁之前，母亲要把孩子带在身边抚养，重中之重是要与孩子形成安全依恋的关系。母亲的爱是通过抚摸和拥抱传递给孩子的，爱会让孩子感到安全、幸福和愉悦。这样在未来，孩子的内心才会有力量和足够的安全感离开父母的保护，独立走向社会，所以如果有条件的妈妈尽量不要离开孩子。我们国家在转型之际，有较多的留守孩子，我们向中央建议，一定要找到孩子的母亲。所以，共青团专门做了这些有意义的事情，找到了很多的临时母亲关怀留守孩子。然而，亲生母亲和别人的母亲永远是两个概念，但有比没有更好。

3—6 岁的教育

1. 3—6岁是学前教育的重要阶段，是孩子的习惯形成阶段

帮助孩子适应幼儿园的生活，制定幼儿一日常规。

3—6岁是孩子的学前教育阶段，这个阶段是孩子习惯养成的最重要时段，孩子一般会在这个时候上幼儿园，父母要做好两件事：第一是帮助孩子适应幼儿园的生活，刚入学的孩子可能会很不习惯，父母和老师要帮助孩子找到兴奋点，也就是孩子在幼儿园最感兴趣的地方和项目，让他自然地融入集体；第二是制定常规并执行，这个常规要和幼儿园的常规有机地结合起来，比如按时起床、穿好衣服、洗脸刷牙等。对于孩子出现不良行为一定要及时纠正，不能纵容。

2. 3—6岁的孩子教育应该多讲故事

孩子的价值观主要来自于三个方面：家庭教育、美好的故事、学校的教育与评价。

孩子9岁以前的价值观的思维观念来自三个方面：第一是家庭教育；第二是学校教育；第三是故事。

第一是家庭教育。家庭是谁？爸爸妈妈。第二是学校教育，学校是谁？校长和老师。所以这四个人对孩子影响是最大的，任何一个人伤害了孩子，他的变化会很大。评价权掌握在这四个人手上。孩子是未成年人，如果做错事情，警察可以制止，但不能评价孩子。孩子只有谁能说他对错？那就是爸爸妈妈，其次就是老师。其他人是不敢说他的，只能表扬。和你关系再好的人去你家里做客，他都不敢随便评价你的孩子。他只会说你孩子真棒，“真不错，很聪明，比我的孩子聪明多了”。第三，故事对孩子的影响也很大。有一句话，不讲故事的爸爸妈妈，不是好爸爸妈妈；不讲故事的老师，不是好老师。故事是孩子的言行。中国故事里面最好的就是《西游记》。所以多让孩子阅读《西游记》。西方的孩子故事也不是所有都适合孩子阅读，西方

孩子故事侧重于品德第一，智慧第二，身体第三，像安徒生的故事《卖火柴的小女孩》、《格林童话》诸如此类的故事。因此，给孩子讲故事，要把中西方优秀的孩子故事结合起来讲。

给孩子讲故事有以下几个目的：第一，家长给孩子讲故事，首先家长必须收集故事。收集故事的过程，是非常有价值的过程。这就迫使家长要进行学习，同时家长要以孩子的眼光看故事，这样才能把故事讲给孩子听。第二，要站在孩子的角度，考虑孩子能不能听懂和接受，这是一门艺术。父母必须把故事变成孩子的语言，要经常问孩子能不能听懂。久而久之你和孩子之间的沟通渠道就打开了，讲故事的过程就是父母与孩子沟通的过程。第三，锻炼了孩子的倾听能力和语言能力，讲故事的过程就是孩子倾听的过程，这个过程让孩子学会了倾听和思考。第四，听完故事后，也要求孩子复述故事，这也锻炼了孩子的语言能力，同时也锻炼了父母倾听孩子的能力。

» 人非圣贤，孰能无过，孩子犯了错误该怎么办

- 自己火气很重的时候，避免去惩罚孩子。
- 当自己对惩罚孩子的目的不是很明确的时候，不要去惩罚孩子。
- 当自己的情绪控制不住的时候，不要去惩罚孩子。
- 和孩子共同分析出现问题的根本原因。
- 选择的惩罚方式要避免损害到孩子的自尊和身体。
- 要十分尊重孩子的人格，鼓励孩子勇敢地面对自己的错误。
- 尽量用积极的方式正面引导，不要挖苦。
- 适当地掌握相应的度，不同的孩子要有不同的度。
- 能够不惩罚，尽量不要罚，要罚就要考虑结果。

希望大家一定要给孩子讲故事，孩子也很喜欢听故事，故事里蕴含着做人的道理，这些道理都是孩子价值观的基础，他所有的好坏品质都能从故事里找到原因。这给我们一个提醒，教育人不要用理论，要用故事。这与孩子教育密切相关。大道理讲出来没人愿意听，但是讲几个故事给人家听就行了。那么故事就很重要，所以要给孩子讲美好的故事。根据孩子的特点、存在的问题，例如他不做作业，或者说他不听你的话，或者他喜欢打架，或者他不喜欢去学校，或者作业拖沓这类情况，你设计一个故事来讲就可以了。

第二，家庭教育，父母和孩子在一起最重要的是吃饭。慎重对待吃饭的习惯，家庭的价值观和孩子的价值观，会在吃饭的过程中建立，所以吃饭的时候注意以下几件事。

其一，吃饭的时候要稍微讲一些励志的故事。

其二，吃饭的时候绝对不允许讲社会的黑暗面。孩子六年级了，他爸爸说："我认识某领导，我们的孩子一定能够去二中或者华师附中。"孩子一听，我努力了几年，老爸一句话就解决所有问题。以后遇到困难孩子就找你，他就不用去努力了，找老爸就行。这些话不应该让孩子知道，社会的黑暗面慢慢再了解，遇到问题再和孩子沟通，千万不要在吃饭的时候讲这些事情。更不允许在孩子面前打麻将，这些乱七八糟的东西，你唬着孩子，他就学会了，娱乐一下可以陪，打麻将后你陪他玩一下，认识就可以。

其三，吃饭过程是教育孩子的最好机会。当孩子不听话，不做作业，家长当然有很多种方法去告诉他要怎么样，其中有一种方法，可以在吃饭的时候告诉他。两夫妇可以当着孩子的面讲："老婆，我们同班有个同学的孩子和我们的孩子一样，都是读二年级、三年级，别人的孩子不像我们的孩子那么乖，把作业按时完成，我们交代他就去做。他很拖拉的，把爸爸妈妈气得老是在哭。"事实上你所讲的，孩子听进耳朵里，记在心里了，父母多讲，可能在这个星期内孩子就会认真做作业。不仅是吃饭的时间，平时也要和孩子玩游戏，玩游戏不是玩游戏机，而是孩子的游戏，是孩子喜欢的某种游戏，或者你教他的某种游戏，像乐高这类玩具对孩子和家长的互动很有帮助。

3. 父母应该经常与孩子一起做游戏、共同劳动

与孩子一起游戏，培养规则意识与成败意识。

我们和孩子在一起的时候，应该多做游戏，不和孩子玩游戏的家长也不是好家长。

第一是守规则。下象棋时，马是走日，象是走田，不能乱来。告诉孩子，反复提醒，做事情把规则放第一位。孩子慢慢就会知道，过马路规则是什么——红灯就停，绿灯就走斑马线，这样一来他出事的概率就降低了。有了规则意识，孩子就知道到学校要遵守规则。

第二是成败意识。告诉孩子，失败是人生的重要组成部分，做事就有失败的时候。孩子如果有了成败意识，他遇到挫折，就会有办法解决。现在的孩子遇到挫折，承受不起，就会把责任推给别人，怨天尤人。正确的处理方式是：教育孩子取得成绩时不骄傲，要继续努力；失败了，不气馁，不怪别人，要总结原因，让孩子从小就树立这种意识。

要把艺术教育、劳动教育摆在重要的位置。我们讲教育有很多目的，其中有一个最根本的日的是培养自食其力的人。自食其力的人，是指培养出来的孩子，至少不会给社会带来负担，这个是教育的最根本目的。至于能不能为社会做贡献则是另外一种要求，至少要成长为自食其力的人。所以劳动教育是教育的根本方法。那学校没有劳动教育怎么办？劳动教育可以用其它的方式来弥补。当孩子理解了父母的辛勤劳动，孩子就对父母崇拜有加。我们现在的孩子看不到劳动的辛苦。可以让孩子从事家务劳动，做扫地、洗碗等家务一个月，相信孩子就会改变对父母的态度。

4. 重视与孩子相聚的时间

父母无法挤出时间与孩子在一起，时间一长，孩子就会形成反叛心理。

为孩子养成早睡早起和坚持运动的习惯，全家人最好少看电视，并尽量控制孩子看电视的时间，最好每天看电视的时间控制在一个小时或者半个小时以内。

家庭教育的第二点是重视家庭时间。尽可能和孩子一起吃饭，尽量不要看电视。电视连续剧对孩子的帮助几乎等于0。除非是历史连续剧，像《三国演义》，对了解历史是有好处的。孩子在家里看电视，最长不能超过一个小时，完全不看电视的孩子也没办法与别人交往。别人讲“光头强”，孩子什么也不知道，他可能会被孤立，他跟别人会没有交流，所以为了让他了解孩子的话题，可以让他看一些电视节目，严格控制在一个小时内。孩子做作业的时间，爸爸妈妈绝对不允许看电视。要培养孩子就要付出代价，家长想要生活，想要快乐，而孩子又很痛苦，那家长可以做什么？收集故事，帮助孩子了解自己的事情。家长要看电视，可以去另外一个房间，不要在孩子看得到的地方。

第三，父母签名，表示对孩子学习的关注及负责任。孩子的作业不要家长修改，但必须签字。如果连孩子的作业签名都不想做，孩子是很难成功的。没有那种不用管就会成才的孩子，如果遇到这样的孩子，这是三生有幸。有些孩子确实是不用大人管太多，他很自觉，表现也很好，但是多数孩子还是要父母负起责任。签名是表示对孩子作业的一种责任感。

5. 5—6岁，是孩子的空间视觉的开发期，阅读对孩子是有帮助的

六岁以前，不要学数学，在幼儿园不要学数学，5—6岁是空间视觉的开发期。空间视觉是指人类视线中的空间。但与四维空间不同的是，它不仅强调了长宽高及时间这四维的关系，还强调了观察者的空间位置。它所表示的是视线上的空间，当我们在建构空间模型时，注重的不再是整个空间的排列，而是观察者与外界空间的相对关系。莫扎特的《D大调双钢琴鸣奏曲》是

有助于开发孩子空间思维的曲子。5—6岁是从幼儿园到小学的阶段，是孩子的空间视觉开发的黄金期。所以美术课是非常重要的，越好的老师对孩子帮助越大，空间视觉开发得好，对逻辑思维的理解就有比较大的帮助。

实际证明，六岁以前大量的阅读对孩子并没有坏处，所以准许孩子大量阅读。最好可以把《三字经》《弟子规》《千字文》这些朗朗上口的经典著作背下来。这就为他今后写作文打下坚实的基础，文学功底就在这里体现出来了。一般到了大学就不教语文了，现在初中都很少教语文，教数学很多。所以学语文要在六岁以前做好。由于六岁以前左脑还没发育，尽量不要教数学，也不要教拼音。拼音教错了以后，孩子很难纠正回来。

6. 3—14岁，权威型教育比民主型教育更有效，爸爸要成为孩子的重要他人

在孩子3—14岁时，权威型教育比民主型教育要好。这句话如何理解？教育有很多类型，从态度划分可分为四种：第一，放任型；第二，权威型；第三，民主型；第四，溺爱型。放任型用于0—3岁比较合适。权威型适用于6—14岁，权威型比民主型教育要好。民主型可以从12岁开始，或者说甚至到四五年级开始都可以用。民主型慢慢变得重要，这个时候家长就不能太权

»13 岁前后是教育的“终结期”

- 刘良华教授认为：孩子长到13岁，整个“早期教育”差不多就已经完成，甚至可以认为，孩子到13岁，整个“教育”就已经完成了。如果孩子成长顺利，13岁之后孩子不需要再接受父母的教育，他自己会往前走，父母只须站在孩子的后面，看着孩子走向远方。
- 对于那些在13岁前后还没有形成自理生活习惯和自学习惯的孩子来说，他需要的已经不是教育，而是“治疗”。

威。在小学阶段，权威型教育比民主型教育要成功。

孩子的教育过程就是寻找重要他人的过程，什么是重要他人？孩子心目中又敬又畏的那个人，他很爱你又很怕你，这个人越重要孩子越成功，他既听爸爸妈妈的话，也听爷爷奶奶的话，还能听叔叔的话，所有老师的话都能听，这个孩子成长就比较快，而且比较稳，比较全面。但不管怎么样，至少要帮助孩子找到一个重要他人，否则，孩子就会天不怕地不怕，甚至误入歧途。

为什么这里讲爸爸要成为孩子的重要他人？事实上，0—3岁妈妈比爸爸重要，3—14岁爸爸比妈妈重要，18岁以后妈妈更重要，以后孩子想起来都是妈妈。全世界最成功的人士没有一个是单身父亲带大的，但单身母亲抚养长大的就多了，例如，孔子、孟子、朱熹……所以母爱是最重要的爱。但是恰恰就是一年级到初二，妈妈比不上爸爸。依据在哪里？我们在小学生中做过实验，在五年级的学生中发放调查问卷，给小学生20件事，让他们在20件事中勾选出最讨厌的三件事或者十件事。第一件事是什么？妈妈的唠叨，孩子最讨厌的就是妈妈唠叨。由于妈妈的唠叨，所以孩子找不到方向感。

为什么这里把重要他人颁发给爸爸呢？由于有86%以上概率是妈妈成为

不了重要他人，爸爸这个时候就需要登场，如果不登场，家庭的教育就会崩溃。爸爸们该做什么？一个星期，至少拿出三个小时单独陪孩子，想尽一切办法，让孩子讲出一周的故事，认真倾听，这样父母也会了解孩子遇到的困难。

爸爸做重要他人，要怎么做？有两个方面，第一，帮孩子梳理困难；第二，制定一日常规，严格执行。什么是一日常规？早上几点钟起床、晚上睡觉怎么做。每个时间点都把关，当然弹性也是必要的。

孩子完成任务比较好，放松下。完成不好，便惩戒他，惩戒他哪个方面？他最喜欢什么就惩戒什么。他最喜欢打篮球，孩子不按照这个规矩来做，违背规矩就不允许他打篮球，惩戒一两次，这是必要的，否则孩子是不会转变的。惩戒让他感觉到痛点，当然事后要有补偿措施，让孩子知道，有些事情是不能做，做了是要受惩戒的。父母如何惩戒？有以下几点需要注意：①避免意气用事；②家长把自己的情绪控制好后，要对事情的前因后果进行冷静的分析；③家长需要坦然向孩子询问：错误是否与家长有关？如有，家长则要承担自己该承担的责任；④如果惩罚必须实施，就一定要避免对孩子的心理造成摧残和伤害；⑤警示在前是一种很好的惩罚教育；⑥从正面分析和指出孩子犯错的原因、性质和后果，而不是用侮辱性的语言指责孩子；⑦惩罚要适度，即不重，也不轻；⑧只要能达到教育的目的，尽量轻罚

或不罚。

7. 3—6岁不要在住宿性幼儿园度过

整个义务教育阶段尽量避免在住宿性学校度过。任何人都需要获得两个基本要求：一是爱，二是安全，许多孩子的自闭心理源于自身问题无法及时解决。

8. 尽量不要把孩子交给祖父母和保姆培养

我们学校为每一个学生建立心理健康档案，每年进行跟踪修改，结果发现祖父母带孙子的成功率只有14%，当然判断这些孩子不成功的主要依据是他的行为表现和学习成绩。祖父母带孩子不成功的原因主要有以下几点：第一是老人家经历了大半辈子人生，不再像年轻时充满批判和尖锐，他们对人生的包容性更强，对孙辈的包容性更大；第二是可能他们会太溺爱自己的孙子，对孩子身上的不良行为视若无睹；第三是祖父母的教育方式可能不对，如果祖父母不过度溺爱孩子，或者可以多与父母沟通，共同制定教育策略，这样就可以挑起教育孙子女的重任。

» 小学阶段培养孩子的性格

“好性格”有三个共同要素：一是善良而厚道、诚实、有爱心和同情心；二是有活力而勇敢、有激情、开朗、阳光；三是有礼貌而且内心宁静、尊重他人。

- 让孩子善良而厚道、诚实、宽容、有爱心、有同情心并随时准备赏识他人。
- 让孩子成为有活力，而充满激情的人。“一个生机勃勃、兴趣广泛的人，可以战胜一切不幸。”
- 让孩子有礼貌而内心宁静，尊重他人 。
- 让孩子学会坚持，培养意志力。

预防未成年人性侵害，法护花季成长

郑子殷

广东诺臣律师事务所高级合伙人、律师，广州市政协委员，全国律师协会未成年人保护专业委员会副主任，广东省和广州市律协未成年人保护法律专业委员会主任，广东省预防青少年犯罪研究会副会长，广州市海珠区君诺未成年人保护公益服务中心及广州市海珠区碧心公益服务中心理事长。

（扫码观看本讲视频）

联合国儿童基金会有一首歌是这么唱的，“这里是孩子们的乐园，这里是充满爱与和平的乐园”。的确，关注安全，让孩子远离伤害和悲哀是每个家长、每个家庭、全社会都应当肩负的责任，但是近年发生的很多未成年人遭受性侵害事件，不禁让我们一再反思：应该如何让孩子们远离性侵害？如何让他们甄别好心的谎言，又如何帮助那些受过伤害的孩子们抚平心里的伤口呢？

“性”对于中国人来说是比较敏感的话题，谈性色变是社会的整体现状。作为一个商业律师，在处理第一起性侵害未成年人的案件时，我发现近年来性侵害未成年人的现象频发，尽管报道出来的案件有很多，但这依然只是冰山的一角，更多的案件由于没有证据、当事人不报案等原因一直未被发现。我希望通过我的专业帮助他们，这也是促使我花费大量精力投入到未成年人保护这个领域的重要原因。

» 教育孩子保护自己免受性侵害的“四步曲”

- 认识身体隐私部位
- 学会表达自己的感觉
- 学会说“不”
- 增强防范意识

规则和法律是对我们的保护

我是一名法律工作者，经常会给法律工作者进行培训，我会首先了解大家对法律的体验和感受，问他们是否喜欢法律，通常举手说喜欢法律的人不会超过5%。为什么那么多人不喜欢法律？看到警察，大家的感觉除了是抓坏人的，还会有什么呢？是感觉到安全还是会有一丝的恐惧？如果感到恐惧，原因又是什么呢？

我曾经在高铁饮水处看到一个小孩在玩，他想要按下红色热水键时，我制止了他并把他送回他妈妈身边。当时这位母亲的第一句话就说："你不能再碰，再碰的话我就叫警察去抓你！"我当时就觉得，原来很多人对警察的恐惧就源于此。要教育孩子不再触碰热水键，其实通过三句话即可：

（1）红色代表危险。

（2）你碰红色的按键会受伤，会很痛。

（3）你如果受伤了，妈妈会很心疼。

但如果说"你再碰那个按键，我叫警察去抓你！"试想一下，小孩真正遇到危险的时候还敢不敢找警察？至少，孩子会很犹豫。

【案例】2018年的滴滴顺风车性侵杀人案件，在案发当天的14：09，受害女生发现进入了无人区，她并没有选择报警，而是选择第一时间发微信告知好友；到了14：14的时候，受害女生觉得很危险，微信向好友发送了求救的信息，手机随之关机；而其好友从14：09收到微信到16：22期间多次联系滴滴客服，而没有第一时间选择报案。民警在收到报案后通过其好友手机与滴滴客服进行联系沟通，直到18：04才获取到司机的车牌及信息，这个过程用了一个多小时。为什么受害女生及其朋友在发现有问题时都没有第一时间报案？

我们会发现，无论是通过我们的普法教育，或者是通过现实生活这些真实的案例，大家对法律的感受，无形当中形成了一定的恐惧感。

除了刚才提到的“不听话就找警察抓你”，还有许多类似的恐吓式教育，例如再不听话就把你关起来，让你失去自由。人其实有个天性叫趋利避害，如果规则和法律是以这种让人感到恐惧的面貌出现，会不会让我们的孩子觉得规则和法律并不是一个有利的东西，因此他要避开。那真相就是这样子吗？显然不是。例如说安全帽，我们在进入工地的时候是要戴安全帽，但戴上安全帽勒得紧紧的，又闷热又不舒服，我们为什么还规定要戴呢？无数次的实验证明，戴安全帽可以承受和分散落物的冲击力，并保护或减轻由于高处坠落或头部先着地面的撞击伤害，关键时刻可以挽救一个人的生命。所以这个令你感到非常不舒服的“规则”，它的本质并不是限制你，而是保护你！

》如何“甄别”孩子是否被性侵犯

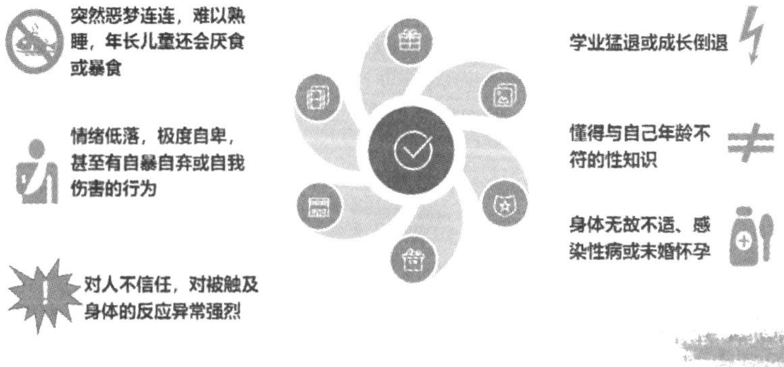

性侵害取证难，维权难

我在6年前经办了一个发生在广州海珠区的性侵害未成年人的案件并进入到未成年人保护的领域。一个3岁的孩子被幼儿园的门卫性侵，整个案件经过一审二审，开了7次庭，历时两年多。我非常清楚地记得这位受害人父亲在我们第一次面谈后离开时的神情，他浑身颤抖，像受伤的野兽一样，非常紧张，临走时我拍了一下他的肩膀，希望能够给他一点精神安慰。

取证困难

整个案件的取证工作难度很大，首先，这位父亲是在跟女儿交谈的过程当中，女儿说不愿意再去上学了，经过他的细心询问，女儿说："叔叔扣我小便那，小便那疼！"这位父亲又问是哪个叔叔，女儿表示是学校门口的叔叔。其实这位父亲非常的细心，当他感觉到异常时便用手机拍摄录制了与女儿对话的内容，但由于父女二人对话是用潮汕话进行的，而我是广州人，经办法官是湖北人，对视频对话内容无法掌握，我们便找一个潮汕籍的律师进行翻译，还原当时的情况，成功地保留了证据并提交到法院。

案件审理困难

在庭审中，也是因为取证的困难，我们的处境非常不利，而且这个门卫在法庭审理时完全翻供。经过反复研究，我们向法院申请调取了案发时园区内的监控视频，虽然这个视频没有拍到侵害的过程，但能够看到门卫从门口牵着受害人，消失在镜头里，再次出现时是受害人所在的班级门口。调取了视频后，我们让受害人再次把案发当天的鞋子、袜子、衣服、书包、玩具穿戴上，与视频进行比对，确认了视频中的就是实施性侵害的门卫以及受害人。与此同时，经过我们实地走访测试，从幼儿园门口到受害女孩的班级的路程只需要耗时30秒，但是从视频记录来看，门卫牵女孩的手从镜头中消失再到他重新回到镜头却用了一分钟时间，而性侵害就发生在这段时间内。

即便我们和检察院都做了大量的工作，包括检察院也去到现场多次地走访，多次去调查取证，但是这个案件一审的时候却是无罪释放。我非常清楚地记得这位父亲拿到了判决书之后，给我打了个电话，他说："郑律师，这个案件咱们不办了，压力太大了，我太太想自杀，我要和他同归于尽。"一个七尺男儿在电话那头嚎啕大哭。其实那一刻，崩溃的不仅是他，还有我。我们团队花了非常多的时间和精力来跟进这个案件，帮助被害人，但却是这样的一个结果，令我们心痛不已。当时在我身旁的是一位对心理干预非常熟悉的社工，我把电话给社工，让他帮忙和这位父亲沟通，他在后来的一段时间也给这位父亲做了好多次的心理干预。

然而令人欣慰的是，经办这个案件的检察院很认真，对案件提起了抗诉。市中院和市检察院经办的法官、检察官也非常重视，他们也根据我们提供的质证意见，走访现场，根据我们提交的证据，再结合当时的实际情况，最终这个案件在二审当中才重新认定被告人实施了猥亵行为，二审改判了门卫犯猥亵儿童罪，判处一年半的有期徒刑。

直到那天在法庭见到被告人重新被戴上手铐的那一刻，压在我们心里两年多时间的这块大石才得以放下，证实了一句话："正义可能会迟到，但不会缺席！"

通过这个案件，我们发现性侵害未成年人案件维权难，在于取证。首先从未成年人的角度出发，由于未成年人年幼，认知及表达能力有限，无法完整地陈述案件事实，也无法参加诉讼，面对询问，也无法像成年人一样能够很好地适应。其次，从客观情况来看，性侵案件多发生在封闭场所，缺少目击证人，侦查取证困难，证据很容易消失，难以保存，一般大众也缺乏及时保存证据的意识。相信大家也有印象，我们曾在一些影视作品当中，看到女性被侵害之后，回家第一时间选择洗澡，这就使得证据无法保存。

性侵害案件多，伤害大

广东省检察院未成年人检察工作报告显示，2017年检察院起诉的侵害未成年人案件是4000多件，而性侵害案件就占了800多件，可见性侵类犯罪数量非常多，可能很多家长认为这类事情离自己很远，但实际上它就发生在身边。数据显示的只是被发现的案件，还有许多未被发现的，以及因为证据不足而未被起诉的案件，我们看到的只是冰山的一角。

性侵害对未成年人造成了生理及心理的巨大侵害，对比显而易见的生理伤害，心理上的后果更为严重，例如受害者容易产生忧郁、焦虑、愤怒等不良情绪行为，严重的甚至会引发自残、自杀等危险行为。台湾有一名美女作家叫林奕含，她在小说当中写下了自己13岁开始遭受老师性侵害的经历，她用了很长的时间去麻醉自己，说服自己发生这一切是因为自己是爱老师的，老师是爱自己的，但在26岁的那一年，她最终还是选择了自杀。可见性侵害带来的伤害，延续时间长，后果严重。

》遭遇性侵后的处理

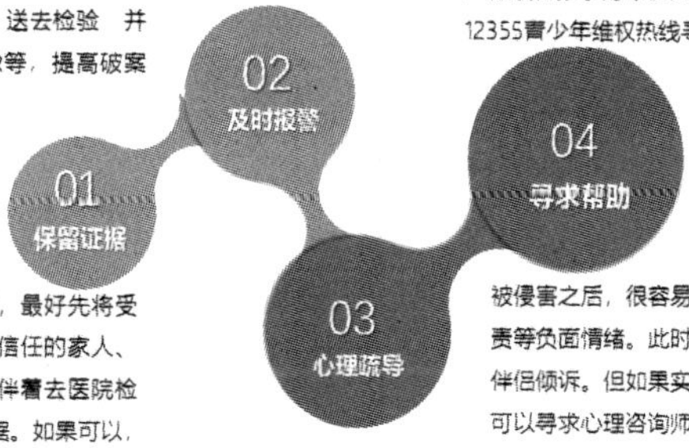

受到侵害后，不要洗澡，最好先将受到性侵的情况告知可以信任的家人、朋友、伴侣，由他们陪伴着去医院检查、处置伤口，留下证据。如果可以，尽量保持性侵发生现场的完好。

可以在家人、朋友、伴侣的陪伴下及时报案。警方才能够以最快速度采集样本（如DNA）送去检验 并且及时调取监控录像等，提高破案速度。

被侵害之后，很容易引发焦虑、恐慌、自责等负面情绪。此时可以向家人、朋友、伴侣倾诉。但如果实在无法走出负面情绪，可以寻求心理咨询师的帮助。

遭遇性侵害的孩子可能需要心理、医疗、法援、司法救济等帮助。广州正在打造针对被严重侵害孩子的综合保护体系，也可以拨打12355青少年维权热线寻求帮助。

关于性侵害的误区

在我们的传统认知中，很多人认为“性侵=强奸＋猥亵”这样的公式是成立的，其实不然，我们对性侵害的认识还存在很多误区。今天我们来看看这七个误区。

误区一：性侵只发生在女生身上，只有男性才会实施性侵害

男孩子同样会受到侵犯，只是女孩的概率比较高，因此掩盖了少数男孩子被性侵的案件。广东省2013年公布的一项关于广东省青少年健康危险行为监测的报告显示，男性遭受性侵害情况更严重，每一百个男性青少年中，就有两个被迫发生过性行为，是女性的2.2—2.3倍。2013年，广州某局的一个处长因对三名男童进行了猥亵而被判四年。另外，女性一样可以实施性侵，美国女性性侵男童案件更是数不胜数。因此，大家不可以忽视的一个需要被保护的群体就是男童。

误区二：儿童性侵犯只发生在比较年长的孩子身上

性侵犯是会发生在任何年纪的孩子甚至几个月大的婴儿身上，因为他们更没反抗能力。前几年福建就发生了一起六个月大的女童遭到其堂叔性侵害的案件。另外，从女童保护的统计数据可知受侵害者的年龄分布情况，7岁以下占17%，7—12岁的占34%，12—14岁的占36%。在一定程度上也说明了，我们义务教育当中对于儿童自我保护，尤其是对预防性侵害这方面的教育是有缺失的。孩子随着年龄的增长，认知能力有所提高，但却没有及时得到关于预防性侵害知识的教育。

误区三：进行性侵犯的人只是为了发泄性欲

通常性侵儿童的犯罪人员未必只是享受性欲，而是另一种变态式的快感。其中受成长经历、个人是否有过被性侵经验、精神健康状况等相关因素影响。

误区四：性侵只有强奸和猥亵两种形式

性侵的主要方式是强奸和猥亵，但是不止这些方式，比如强迫儿童看色情的电影，用猥亵语言挑逗，吩咐儿童露体等非身体接触的形式也属于性侵害。2013年在广州荔湾区发生了一起4岁男童遭受幼儿园老师用针扎下体的案件，这名幼师的行为就是猥亵。

误区五：实施性侵犯的都是陌生人

不少数据显示性侵害中熟人作案接近八成。实施性侵害的往往是孩子身边熟悉的人。施害者除了有熟悉的老师、校长，还有父母（包括养父母和继父母）、邻居、亲戚及家庭来访的朋友等，越是亲近越容易实施侵害。我们曾经经办 个发生在花都区的案件。一对到广州务工的父母，他们在花都区经营了一个小旅馆，为了生计没日没夜地工作，后来妈妈发现女儿的内裤有污渍才带女儿去医院做检查。经过诊断后，医生负责任地告知：怀疑女孩遭受性侵，建议报警。经过妈妈的长时间沟通，女孩才一点点把自己遭受邻居性侵害的事情说出来。更可怕的是，从女生六岁开始到案发，女生已经遭受了长达三年时间的侵害。但是这个狡猾的被告人只承认了两次猥亵，不承认强奸。由于事发时间太久，综合各方情况，最终他只能被认定犯猥亵儿童罪，判处四年六个月的有期徒刑。

误区六：只要不让儿童外出就能避免伤害

《北京青年报》的记者调查发现，在一些童星、童模的招聘活动当中，骗子利用一些10—15岁的小女孩渴望出道成为童星的心理，骗取女童拍摄裸照和裸聊视频，最终层层转手流向淫秽物品市场，不少家长已经报警。越来越多的性侵害案件显示，家是性侵害发生的主要场所。由于熟人作案偏多，家人又疏于防范，所以导致身边的人在自己家中对孩子实施性侵害的比例大大增加，甚至有些陌生的施害者敢尾随孩子强行进入家中实施侵害，还有如上所述的利用网络实施的侵害等。因此，并不是让孩子足不出户就能避免伤害。

误区七：不该让儿童太早知道有关“性”的问题

其实正确的性教育将帮助孩子辨识潜在危险，明确不当行为，学会自我保护。我们在教育孩子的时候，应该给孩子传达与他年龄相称的、科学的性知识。

什么是性侵害

我们国家对于打击性侵害未成年人犯罪的力度是非常大的，2013年由最高人民法院、最高人民检察院、公安部和司法部共同出台了《关于依法惩治性侵害未成年人犯罪的意见》。这个《意见》当中并没有对“性侵害”进行定义，只是对性侵害未成年人犯罪的罪名进行了概括，包括强奸罪，强制猥亵、侮辱罪，猥亵儿童罪等等。

那么，性侵害的行为是指什么？侵害人为了满足性欲或者其他目的，在违背被侵害人意愿的前提下，通过采取暴力胁迫或者其他手段对被侵害人实施的与性相关的行为，叫作性侵害。它包括有身体接触和非身体接触两种类型。第一种身体接触类的，就是用行为作为的，比如强奸、强制猥亵等等，带有性倾向的肢体动作，包括以触碰的、捏掐的、摩擦的方式进行接触。还有一种叫作非身体接触类的，包括带有性倾向的语言表达，带有性倾向的非语言行为，比如说发微信，还有展露一些裸露的图片，播放黄色淫秽制品，要求被侵害人露体，向被侵害人露体，拍摄被侵害人的露体照片，还包括布置带有性倾向的见面环境等等。

最常见的性侵害行为是强制猥亵以及强奸。很多人不知道它们的区别在哪里？虽然两者的方式是一样的，都是以刺激和满足性欲为目的实施的行为，但实际上它的区别在于是否以性交为目的。强奸是以性交为目的，而强制猥亵则不然。那么性侵行为的表现形式只有男对女吗？并不是，除了男对女，男对男，女对女，女对男都是性侵害行为的表现形式。《刑法修正案（九）》把男性列为强制猥亵犯罪的对象，可以看到男性也越来越受到保护。

如何预防性侵害

我们一直强调预防胜于治疗。针对预防性侵害，需要分为几个维度：

（1）我们要教育孩子保护自己免受性侵害，例如教会孩子认识身体隐私部位，身体隐私部位是不能随便被人家抚摸、观看的，这一定要讲清楚，不能含糊，这些知识就好比1+1=2，是非常基础和必要的。

（2）要学会表达自己的感受，自己的身体自己做主，要保护好自己，学会分辨好的接触和坏的接触，如果遇到令人不舒服、不安的、想停止的接触，就要离开并告诉信任的大人。

（3）面对不当行为时学会说“不”，要坚定地拒绝，例如在公众场合人多时，大声地挣脱、摆脱，高呼“放手！不要！”快速走开！

（4）要通过重复教育、实际训练来增强孩子防范意识，不要走到阴暗僻静的道路，尽量不要单独外出，夜间出行选择公共交通，不要长时间跟异性单独处在封闭的场所等等。为什么说要通过实际训练呢？因为只有通过实际训练加深记忆，形成条件发射，面对侵害时才能及时作出防范措施。日本虽然地震频发，但伤亡率却很低，这是因为大家都能井然有序地逃生。而这种有序并不是靠宣讲就能实现的，而是通过反复多次的国民逃生训练实现的。

那么当我们面对性骚扰时，又该怎么办呢？如果是在公众场所遭受性骚扰的，要大声喝止，比如大声说“你干嘛！”声量尽量大到能引起周围人的注意。一般在这种时候施害人会因为“做贼心虚”而停止侵害。再者寻求周围人的帮助。如果在公共交通工具上，可以向乘务人员或司机求助。如果在学校和培训机构受到性骚扰，也不要害怕，要坚决地拒绝，勇于报告学校领导与家长，拒绝沉默。

【案例】2015年发生过的19岁男子韦某奸杀番禺11岁女童案件，这个是我唯一一个为性侵害案件被告人做辩护人的案件。为了研究性侵害未成年人犯罪案件，我选择去做韦某的辩护人。这个19岁的男孩在满14周岁之前已经是劣迹累累，两年内伤害、杀害6名儿童，最后一次发生在2011年2月，因对一名6岁女童的爷爷怀恨在心，用刀捅女孩后试图将其淹死，幸好有人经过，女孩才幸免于难。后因故意杀人未遂，被判处有期徒刑六年。2015年11月，韦某减刑释放后来到广州市番禺区，不到两个月时间就奸杀了一名11岁少女。我在办案中与他谈话得知，这是他的第一次性侵，他在监狱当中听到其他罪犯讲强奸这个事蛮好玩的，所以他就想试试并去实施了。对于作案对象的选择仅仅是因为受害人独自一人在行走，如果受害人不反抗，他不会杀死受害人。在他看来，伤人和杀人跟伤害一个小动物是没有任何区别的，也是没有任何问题的。在和他的对话中，我们不但看到业内人士提到的“交叉感染”问题，还有监护责任和法治教育缺位的问题。这个事件还告诉我们，面对强奸、强制猥亵不法侵害时，被害人一定要冷静，谨记生命安全高于一切，无论在任何情况下都要记得保护生命是首要原则。

遭遇性侵后的处理

如果真的遭遇不幸怎么处理?

首先，我们要学会“甄别”孩子是否被性侵犯，遭受性侵伤害后通常会有以下几点异常表现：第一，突然恶梦连连，难以熟睡，年长儿童还会厌食或暴食；第二，情绪低落，极度自卑，甚至有自暴自弃或自我伤害的行为；第三，对人不信任，对被触及身体的反应异常强烈；第四，学业猛退或成长倒退，例如上述提及的海珠区案例，三岁女童突然对上幼儿园表示十分抗拒；第五，懂得与自己年龄不符的性知识；第六，身体无故不适、感染性病或未婚怀孕。

当孩子无故出现以上异常行为时，家长或其他监护人应该采取以下技巧询问确认

（1）争取第一时间保护好孩子，我们要紧记一个原则：无论发生什么事情，这不是孩子的错！

>> 询问孩子的技巧

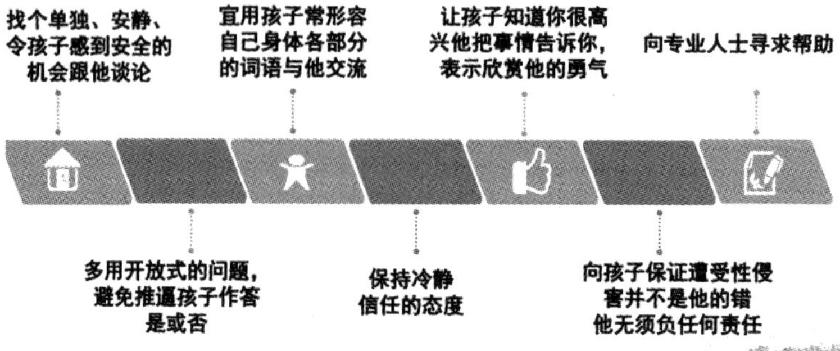

（2）家长要找一个安静的单独的、令孩子觉得安全的地方再跟他谈；

（3）多用开放式的问题，避免推逼孩子作答是或否，让孩子自己讲；

（4）用孩子常形容自己身体各部分的词语与孩子交流；

（5）保持冷静、信任的态度，家长是小孩最好的老师，是他们最信任的人；

（6）让孩子知道你很高兴他把事情告诉你，表示欣赏他的勇气，鼓励孩子，说明这不是他的错误，他无须去承担责任；

（7）最重要的是要向专业人士寻求帮助。

【案例】2015年8月4日凌晨，《广州日报》记者接到街坊爆料，在白云区萧岗街有一名未成年少女遭到其父亲当街暴打，该名未成年少女（小梅）表示其父亲除对其施暴外，从十三四岁开始就对其性侵。报警后，记者联系到我一起赶到派出所了解相关情况。派出所当晚对事件展开调查，对其父亲进行讯问调查，法医也到现场为小梅体检。

由于是否构成刑事犯罪、是否会采取刑事拘留的强制措施还不确定，出于对小梅人身安全的考虑，在派出所未对案件定性前，我和记者一直陪同小梅在派出所等候。到了第二天上午九点，我开始联系社工、救助站、职能部门等各方资源，为向小梅提供进一步帮扶做准备。

令我印象很深的是，从我们第一次见到小梅开始，她由始至终有一个诉求，就是要求跟她父亲断绝父女关系，所谓的“断绝父女关系”，从法律的角度就是要撤销她父亲的监护资格，但是她不满18周岁，她自己不能做申请人，按照法律规定，有相关部门可以替她做申请人。最后经广州市未成年人保护委员会就是否对小梅父亲提起撤销监护资格诉讼召开专家会商会议（广州第一起撤销监护资格案件），后来撤销监护资格诉讼由白云区团委提起，2016年8月已判决撤销其父亲的监护资格。

积极寻求多方帮助

如果孩子不幸遭遇性侵害，我们必须要做好证据保留工作，及时报警，给予受害人心理疏导，为孩子寻求多方综合帮助，一个性侵案件的背后，不仅仅是法律的需求，还有心理、医疗、法律援助、司法救济、民政救助等综合帮扶。

在广州市未成年人保护委员会以及共青团广州市委员会的牵头下，广州已经出台了关于严重侵害未成年个案的应急机制，是一个多方合力打造的综合保护体系。同时，我们还可以拨打12355青少年维权热线获取帮助。

最后，祝愿我们的孩子能够远离性侵害，有一个更加美好的童年。

小儿体质辨识与食疗保健

许尤佳

主任医师、教授、中医儿科学博士生导师。现任广州中医药大学第二临床医学院儿科教研室主任、广东省中医院儿科主任，兼任国家食品药品监督局新药评定专家、中华中医药学会科技奖评审专家、中华中医药民族学会儿科分会副会长。长期从事中医儿科及中西医结合儿科临床医疗、教学、科研工作，积累了较为丰富的经验，有较深的学术造诣。主持小儿哮喘专科工作，并在中医儿童保健、儿科杂病（如小儿遗尿、汗证、便秘等）等领域有较深入的体会和研究。

（扫码观看本讲视频）

大家下午好。今天的主题“不吃药，让孩子更健康——合理的体质辨识与食疗”，将会跟大家辨别我们的孩子是怎么样的体质特点、应该怎么样来进行合理的饮食。作为家长，你想养育好孩子，就要懂得孩子最基本的一些东西。

孩子饮食存在的问题

孩子应该怎么吃？很多家长普遍都是怕孩子不够营养，其实吃进去的东西能消化吸收才是营养。还有很多都说孩子老是上火，现在的孩子跟过敏相关的病频频发作，为什么会导致这样的结果？因为你把孩子很关键的一个脏腑给损伤了，也就是把后天之本——脾胃给伤了。脾胃为什么会伤呢？很关键，还是饮食出错，你不懂得合理的喂养方法。

孩子一旦过敏，就什么东西都不能吃，什么东西都不能吃，还会有营养吗？肯定会发育不好。明代有一位医家讲，“小儿饮食有任意偏好者，无不致病。”意思是偏食、挑食的孩子，肯定整天病。为什么会导致孩子偏食跟挑食呢？肯定是从小你的喂养方法不合理，你根本没有好好地去学习应该怎么合理喂养孩子，盲目地给孩子增加营养。

现在的孩子不是缺乏营养，缺乏的是合理获取营养的方法，这点是最重要的。所以现在的家长整天老是瞎操心，担心他不够营养，担心他穿得太少，应该合理地对孩子衣食住行进行合理地呵护。究竟孩子应该怎么样来合理调护饮食？据我观察，错的最多是饮食问题。接下来我们来一起学习。

合理的喂养是调养最好的方式

明代万全在《育婴秘诀》里面就已经明确说出：“小儿无知，见物即爱，岂能节之，节之者，父母也。”孩子的饮食靠的是父母来给他调节控制，作为父母你要起到这方面的作用，你就要懂得孩子应该怎么吃，你要学习很多东西：如你要学习淮山是怎么样的性质，你要学习冬虫夏草、花胶或者燕窝是怎么样的功效，要怎么样来烹调才能给孩子吃。什么时候吃是合理？吃多少？

孩子的饮食要靠家长控制

很多家长都说我没有给他吃得比人家少，但是就是长得不好，因为你把孩子后天之本——脾胃给搞乱了，胃失受纳，脾失运化，所以怎么多吃都没用。那么，孩子应该怎样进行合理的饮食喂养呢？靠的应该是家长，而不是孩子。

合理的喂养要有原则性

“父母不知，纵其所欲”，“任其无度，以致生疾。虽曰爱之”。你没有原则性，不懂得合理的喂养方法，势必导致孩子整天生病。有些东西讲究的是一种方法，合理的一种理念，做得好孩子就不会受苦，不然的话说老实话就是老是拿孩子来折腾，到最后受累的就是小孩。所以父母要理智，要学习一些养育孩子正确的方法，不要搞到孩子三天两头去医院。

懂得孩子三分寒七分饱

元代曾世荣说：“四时欲得小儿安，常要三分饥与寒，但愿人皆依此法，自然诸疾不相干。”孩子一年四季春夏秋冬，想他不生病就应该常要三分饥与寒，孩子忍三分寒、吃七分饱。不能吃得太多，也不能穿得太暖了。

给孩子调理最好的方法就是曾世荣讲的，“殊不知忍一分饥，胜服调脾之剂，耐一分寒，不须发表之功”。你对孩子的保养、健脾、养育最好的方法就是让孩子饿一饿。“殊不知忍一分饥，胜服调脾之剂”，我们不要老是让孩子吃健脾的东西，而是应该适当地让孩子饿一下。现在的孩子很多就是乱吃，伤了脾胃，导致孩子挑食、偏食，真正厌食的孩子是很少的。要懂得孩子三分寒七分饱，不要塞他吃，他不吃你就别理他。那个东西好吃，孩子吃了以后肚子痛，他还吃，他根本不懂得控制自己，所以要靠家长来控制他，能不能吃这么多、吃多少。小孩子脾胃功能本就不成熟，你的饮食喂养方法不合理的话，他更加容易整天生病，所以合理的喂养对孩子来讲是最重要的。

家长要学习基本的育儿知识

那父母要怎么样尽到喂养孩子的责任？就是要好好地学习一些最基本的育儿知识，要了解孩子跟成年人不一样的地方。而且要知道年龄越小的孩子，喂养方法的合理性越重要。我们有一句俗话，三岁定八十。我们人生几十年身体的健康与否，很关键的就是前面的这三年，在妈妈10月怀胎的这一年，还有出生以后的第一岁跟第二岁，就是这三年，这三年最重要。年龄越小的孩子，你的合理喂养方法是越重要的。我们理论上讲，孩子从妈妈肚子里面出来以后，妈妈给他的免疫力本来可以维持到他半岁。但现在为什么多数在两三个月、三四个月的时候就整天生病。乱喝牛奶，乱补，乱吃益生菌，频繁换奶粉，动不动有点喉咙发炎、发烧就用抗生素，把孩子的整个微生态搞乱了。如果孩子前面这两三岁养得不好，读了小学以后也照样很多事，基础没打好，到了成年人以后也会有很多病痛。

» 孩子常见的体质分型

- 平和质
- 气虚质：兴奋易疲、太息、多汗、面黄、大便困难
- 痰湿质：面色疲倦、大便不成形、舌淡
- 湿热质：舌像、大便粘滞、寐不宁、舌苔黄腻
- 阳虚质：比气虚更甚、四末冷、发育、舌较胖厚
- 阴虚质：手足心热，烦躁、脾气急燥、舌像偏红
- 气郁质：沉闷，内向，多愁善感

正确理解认识小儿生理特点

家长要学会认识孩子，孩子不是成年人的缩影。孩子跟成年人不一样的有两方面：一是孩子具有独特的生长发育过程；二是孩子的生理、病理特点跟成年人不一样。

“脏腑娇嫩，形气未充”

我们中医儿科学教材里面讲的两个学说——“稚阴稚阳学说”与“纯阳学说”，孩子生出来的就是阴和阳都是幼稚的，“脏腑娇嫩，形气未充”。“形气”就是我们中医说的“阴阳”，“阴”就是“形”，“气”就是“阳”。我们人体看得到摸得着的东西就是“形”，西医所说的功能就是我们中医说的脾气、肾气、肺气，这就是“阳”。孩子的“阴”和“阳”都是很幼稚的，宋代医家描述为“五脏六腑成而未全，全而未壮”。而《颅囟经》的纯阳学说核心理念指的是孩子生机蓬勃、发育迅速。意思是虽然孩子的阳气是幼稚的，但它是充满活力的阳气，就如网络语言所说的给他一点阳光他就能灿烂，你只要给他创造一个很和谐的生长发育的空间就足够了。那么怎样才能创造和谐发育的空间？就是要照顾好孩子的契机，那契机就是脾胃。

呵护孩子的脾胃

我们中医讲的先天之本是肾，后天之本是脾胃，所以其实对孩子最重要的就是对孩子脾胃的呵护，你懂得呵护好孩子的脾胃，胃主受纳，脾主运化，你能让孩子一年365天的胃的受纳跟脾的运化功能都处在正常状况，孩子就能养得好，所以你就要懂得合理的喂养方法。

适当为孩子补“阳气”

中医讲“四季脾旺不受邪”，“正气存内，邪不可干”就是这样的一个道理。作为家长要懂，孩子生出来是虚寒，所以应该适当地吃点热性的东西，这是前提。但是要知道孩子的寒是“虚寒”，“虚”之“寒”，是假的“寒”，孩子一生出来的阴和阳都是幼稚的，但是孩子的阳气是幼稚之中更幼稚的。孩子生长过程中，肌肉骨骼一旦形成以后它是相对稳定的，但是功能这东西如肺气、肾气、脾气相对是不稳定的，很容易受到外界方方面面因素的影响而出现波动，而且多是不足的波动。

》气虚质

- 常见表现：面色青黄，精神兴奋但活动多了易疲倦，有的声音低弱、气短懒言，易出汗，偏食，大便初头硬而难解，后期偏烂，舌淡红胖，脉沉弱，指纹淡红。
- 大致形态：肌肉松软不实，有的善太息。
- 适应能力：较差，不可耐受气候、环境、膳食结构等变化。
- 患病特点：易反复感冒、积食等。
- 问题：小孩平时较兴奋，但稍微活动一下就容易疲劳、有气无力或懒得说话，容易出汗，哭声或语声低弱，天气一变就容易感冒，食欲不佳，食物种类稍变、食量稍大就容易积食等。
- 代表性食补药材：太子参、白术、黄芪、党参等。

1—6岁就是虚寒很明显的年龄段，尤其是前面三年虚寒的特点就更加明显，所以在前面的这六七年之中，要特别呵护孩子幼稚不足的阳气，适当地给他补阳气。补阳气应该怎样补呢？就是在孩子健康、消化好的时候适当地让孩子吃点热性的东西，合理调节幼稚的阳气。能让五脏六腑的功能活动时刻处于正常状态，就是对孩子最好的补益了。所以像时不时饿一下孩子也就是对孩子补益的一个方法。

生病时合理调服

孩子阳气不足，适当地给他吃点温性的、热性的东西，正因为这种情况，所以你不能老是给他吃寒凉的东西，首先不能老是给孩子喝凉茶，更不能随便给孩子使用抗炎的西药，如抗病毒的奥司他韦和抗细菌的阿奇、头孢等抗生素。孩子感染以后到痊愈有一个自然的恢复过程。在孩子生病的诊疗期间，你只需要按照孩子的衣食住行给他一个合理的调服，加上相对应的合理用药，很多病都能自然痊愈，而且能把它抑制在很轻的状态之中。

要时刻记住我们的孩子脾常不足，我们说先天之本是肾，后天之本是脾胃。孩子生下来脾胃功能就是幼稚不成熟的，但无论给孩子吃什么东西，都要通过脾胃来消化吸收，所以你怎么呵护好后天之本——脾胃，对孩子来讲是最为重要的，所以应该讲饮食喂养问题对养好一个孩子是最关键的。

针对孩子体质对症下药

儿科最出名的北宋医家钱乙曾说孩子“五脏六腑，成而未全，全而未壮”，指出了孩子跟成年人不一样的特点，孩子绝对不是成年人的缩影。现在孩子的体质分型五花八门，比较认同的为七个分型，主要就是气虚质，也就是“虚寒之体”，其他的体质分型均为在气虚质基础上的兼夹或演变。以下就来分析气虚质的特点：

气虚质——虚寒之体

我总说孩子是“虚寒之体”，“虚寒之体”是什么体质特点呢？就是气虚质。气虚质，五脏六腑的气功能都是幼稚的，而最关键的是后天之本——脾胃的不足。

1. 形成气虚的原因

孩子很多东西都要靠脾胃的消化吸收，化成所谓的营养供给五脏六腑的功能活动需要，所以很关键的气虚是孩子的脾胃气虚，孩子的脾胃功能是幼

》气虚质兼夹其他体质的常用药材

- 气虚质：太子参、白术、黄芪、党参等
- 痰湿质：陈皮、炒扁豆、茯苓、芡实等
- 湿热质：薏苡仁、白扁豆、土茯苓等
- 阳虚质：核桃、高丽参、巴戟天、锁阳等
- 阴虚质：麦冬、沙参、枸杞、石斛等
- 气郁质：白芍、芡实、山药、佛手等

稚不足的。所以其他的几个体质特点：痰湿、湿热、阳虚、阴虚、气郁，都是气虚质的兼夹或演变的结果。孩子饮食喂养方法、居住环境、生活区域的一些条件，方方面面均可能对孩子的体质特点产生直接或间接的影响。

2. 气虚质的表现

气虚质兼夹的比较多的就是痰湿质及湿热质。痰湿质的孩子，他一感冒咳嗽就经常表现为早晚咳为主，很容易出现西医所说的过敏反应，所以现在的过敏疾病越来越多，这一类孩子，就是脾胃长期受损，脾胃的功能弱了所以就导致这样的一个气虚夹痰湿。为什么会出现痰湿？吃得太多，吃了以后不消化，堆积在里面，痰湿就多了。时间长脾也伤、肺也伤，发展下去肝也伤，肝伤足厥阴肝经肝木受累，肝木一旦受累就容易出现气郁质。所以脾土受损时间长以后，到了一定程度，孩子就会出现多愁善感、脾气暴躁、睡觉睡得不安稳、注意力不集中这种情况，这就是气郁质了。

气虚质的根源在于脾虚湿滞，脾虚湿滞的最基本特点就是在于湿困中焦脾土，让脾胃受损。湿困中焦常表现脸色比较黄青，精神很兴奋，但是活动多了就很容易疲倦，很容易出汗，很容易出现大便不正常，这其实就是脾虚湿滞的两个极端的表现。

3. 气虚质的调理

气虚质最好的补品药材有太子参、白术、党参、黄芪等。我介绍给家长的食疗方之中，经常都是太子参加白术，太子参和白术都是健脾益气的。作为家长，你们只要记住，孩子就是一个体质特点，虚寒之体气虚质。气虚质的孩子阳气不足，气虚质就是脾气虚。如果日常喂养调理得当，原来不足的体质特点也会很快改善。

脏器轻灵，易趋康复

孩子的生理特点决定了他的病理特点：因为孩子脏腑娇嫩，形气未充，所以注定他有这样的病理特点——发病容易传变迅速；孩子是生机蓬勃、发育迅速的，故孩子病理特点的另外一方面是脏气轻灵，易趋康复。孩子很容易生病，病性很容易变化，变得好也快，变得坏也快，要靠家长护理得法，生活饮食喂养得合理，以及病时用药的及时规范，做好这些，孩子生病就容易收到效果。

因人、因地、因时跟因病喂养

你想让你的孩子不要生病，你就要学会让孩子吃得合理。吃得合理，喂养得当，你的孩子就不会生病。下面再讲一些喂养的具体方法。婴幼儿时期孩子的饮食上营养要均匀，烹调要合理，18个月之前以按需喂养为主。可1—2小时喂一餐，但须少吃多餐。要懂得判断孩子的消化状况，结合他年龄段的饮食，知道他的主食是什么，配合他的消化状况，来进行合理的喂养。

孩子的饮食除了根据体质特点外，还要因人、因地、因时和因病，病与不病的时候的饮食喂养是不一样的。生病的时候饮食要讲究，早中晚三餐都要吃好跟吃饱，早中晚三餐是最丰富的，两餐正餐之间你可以给他按需喂养。晚餐后尽量不再进食，一周岁以后临睡前最少一个小时之内跟夜间都不要再吃了。生病的时候比没生病的时候要吃少一些，饮食清淡易消化些。总量要少一些，还有添加辅食要减少，不喝补益的汤水。

病刚刚好的时候不要急着给孩子增加营养，这时候不能急着给孩子吃补益的东西，继续粗茶淡饭喂养。等到他各方面真的是很好了，你才来增加营养。传统的六经与人体的消化息息相关，成人六经功能的正常运作，能随时通过自身的调节和控制，自身恢复，但孩子是不成熟幼稚的群体，难于自律自节自调，需要家长的调护，才能让孩子的六经往成熟方向发育。

六经的功能正常与否根本在于后天之本——脾胃经，六经的关键在于消化，消化的好坏决定了孩子的健康，消化的问题主要就在于喂养，所以应该讲，喂养跟饮食问题是让孩子不要生病、少吃药、健康成长最为关键的问

» 因人择食：年龄、性别、体质、种族、胖瘦

- 婴儿期：以易消化、营养均匀的流质食物为主，严格遵循添加辅食的原则。
- 幼儿期及幼童期：以稀、软、烂而营养均匀的食谱为主，兼顾到孩子虽乳牙长齐但消化功能未强的特点。
- 儿童期：成人基本相同，因为该时期的孩子消化功能已经成熟，但需要注意防止偏食、挑食、过饥、过饱等不良饮食习惯的养成。

题。因此，家长要高度重视对孩子消化功能的呵护，最重要的就是要懂得怎么呵护孩子的脾胃。孩子的脾胃好了就是消化好，最关键的就是及时助消化，学会消食导滞法。

【消食导滞法】

消食导滞法就是及时地给孩子吃点助消化的药材，常用的助消化药物有：焦三仙（焦山楂、焦神曲、焦麦芽），这里提到的三星汤、保济丸、保和丸、保济口服液、保和口服液、太极的藿香正气口服液，还有我的经验方三星汤、四星汤、五星汤等等。家长在家里常备这些药物，发现孩子消化不好时，就可以及时助消化，但须提醒一下：吃助消化药物的同时还要清淡素食。吃东西要减少，不喝荤汤，少添加辅食，减少奶量，控制食量等。

» 六经

- 指的是三阴经、三阳经。
- 肺、脾、肝三阴经，这三条阴经相表里的大肠、胃、胆三条阳经。
- 肺跟大肠相表里，脾跟胃相表里，肝跟胆相表里。
- 三个阳经，三条阴经，三阴经、三阳经合起来共六条经络。

如何判断孩子的消化

怎么判断孩子的消化？最关键的四点：舌苔、口气、大便、睡眠。

（1）口气：吃完早餐以后孩子还有口气证明他胃中有宿食，说明你前几天吃多了。

（2）舌苔：舌苔是胃气的表现，肠道有宿食，则舌苔厚浊。

（3）大便：观察大便细节方面的变化：大便的时间、次数、大便的性状、颜色、味道五方面，只要有一方面出现状况，就提示孩子消化有问题。

（4）睡眠：睡得好与不好，孩子肠胃一不好，他就睡得就不安稳，睡得跟平时不一样，或许也是吃多了。

今天我就跟大家分享到这里，谢谢大家。

» 以下几方面可以帮助判断孩子消化状况

1. 口气：是否清新。
2. 舌苔：淡红舌、薄白苔。
3. 大便：时间、次数、性质、气味等。
4. 睡眠情况：是否安宁。
5. 手指倒刺：有无。
6. 夜间磨牙：须与生虫鉴别。
7. 皮肤状况：是否有皮疹、湿疹、荨麻疹等。
8. 淋巴结：枕后、耳后、颈部、腹股沟、腹部等。
9. 反复短暂轻腹痛。
10. 其他：面白斑、指纹、山根、气池。

儿童交通安全知多点

广州市交警支队团委

广州市交警支队团委积极投身未成年人交通安全教育，参与制作了本期讲堂。

（扫码观看本讲视频）

非常开心在这里跟大家共度一个美好的周末。今天在这里为大家分享一些交通安全小知识，也希望小朋友们听完今天的课程明白生命安全对于我们来说有多么的重要。

什么是内轮差

大家知道内轮差的由来吗？其实我们在开车时，前轮和后轮轨迹是不一样的，并没有重合。而这产生差值的地带，它有一个专业名词叫作内轮差。为什么要大家重视起内轮差呢？大家回忆一下，在一线城市很多右转弯车道是单独有个分流路面的，但是在城乡结合部或者农村偏远一些的地带，右转弯车道是跟其他车道一起并排的，所以很有可能因为这台车在最右边车道行驶导致在右转弯的时候，因为内轮差会让轮胎出现在人行道上面，车身越长，前后轮距离越远，内轮差产生的面积和差值就会越大，那轧上人行道的可能性也就越大。

所以我们小朋友在人行道上等着过马路的时候，如果看到汽车在你面前右转弯的话，记住一定要往后退到足够安全的距离。可能你觉得人行道比马路高一些，汽车未必轧得上来。但是对于大车来说，它的轮子轧上去是非常简单的。

车身大小造成的视野盲区

汽车无论是开启还是停止状态，都会因为车身的大小而出现不同大小的盲区。车身越大，盲区越大。之前我们做过一个实验，当驾驶员在主驾驶位上时，我们悄悄在车身的盲区位置上摆了40多个雪糕桶，并要他再三确认车周围环境安全再下车。就在他开门的一瞬间，倒了三个雪糕筒。如果说每一个雪糕筒代表着一个小朋友，那么在他开门的瞬间，已经有三个小朋友因为盲区而发生交通事故。所以作为小朋友的我们一定要知道车身的盲区在哪里，大家可以看看图片上，深色的地方就是盲区的地带，小朋友尽量不要在这些地方出现。再举一个例子，我自己身上发生的故事，也差一点酿成事故。有一天当我从我朋友家里吃完饭准备开车回家，去取车的时候，我很巧合地绕到车头才上车，因为我朋友家是在我车尾的方向，正常情况下我直接开锁拉门就上车了。但是那天就刚刚好我从副驾驶绕到车头再走到主驾驶解锁上车，这一绕不要紧，我居然看到有一个小朋友蹲在我的车头下面的地上写粉笔字，在练字玩。要知道小朋友本来身高就不高，如果再蹲在地上，车上的司机是绝对看不到的，现在想起来当时真是很大的安全隐患。所以在这里也提醒我们在座的父母，休假期间带着小朋友多注意一下周遭的环境和动态，而不要因为小朋友被忽视，导致发生任何的交通意外。

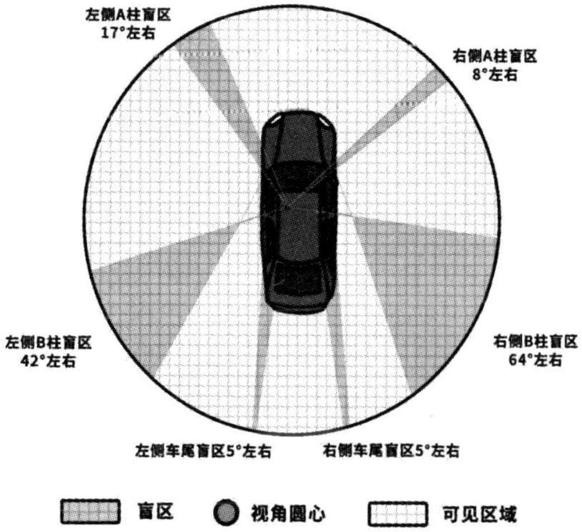

车速不同时视野范围会有变化

开车的时候，不同的时速也会产生不同视觉范围，比方说我们静态下人的眼睛，可以看到的角度范围到达210度，也就是说我们往前看，眼睛的余光可以看到两边甚至偏后。但是我们一旦开起车来，有了时速后，其实我们的视觉范围会立马变窄。特别在100公里/小时的时候，我们的两个眼睛只有40度准确视线范围了，倒不是说其他角度你看不到，其实你也看得到，只不过呢，在这些角度以外的视线范围里发生交通意外的话，你的大脑会来不及反应，或者说你的大脑反应时间会长。所以这个就是为什么爸爸、妈妈在开车的时候，你们千万不要去跟他们说话，更不要拍拍他们的肩，让他们回头跟你说话，这是千万不能做的事情，因为非常危险。

正确系好安全带

小朋友们，你们一定要记住，在汽车里，坐在任何一个地方都是要系安全带的。不要因为你坐在后排，就认为无须系安全带，这是非常错误的行为。而我们小朋友呢，也是不允许坐在副驾驶的，因为你们还太小，副驾驶的安全带也无法正确保护你们。但即便是坐在后排，我们也建议在座的父母给孩子们准备儿童安全座椅，这是非常必要的。当安全带和儿童安全座椅结合起来，才会更加有利地去保护我们小朋友们的安全。

而且正确使用安全带也是很重要的。首先小朋友们包括在场的父母们要知道，安全带可以调高低，让安全带勒到自己肩部中间的位置，如果你系高了安全带会直接勒到你们的脖子，一旦发生碰撞，安全带很有可能会勒到你脖子，反而导致你受伤。但如果安全带系太低，遇上紧急刹车，安全带会立即锁死调不了长度，这时候你整个人因为惯性而往前冲，安全带以上的身体部位有可能就会冲出安全带，所以系太低也不行。还有很多人为了偷懒不想系安全带又不想车辆报警，会先把安全带卡扣提前扣在那里，再坐在座上去，把这个安全带靠在自己的后背上，这样做非常错误，因为完全保护不了自己。所以小朋友和在座的家长们都需要遵守交规，系好安全带。

另外我想问下在座的小朋友们，你们坐大巴的时候会系安全带吗？现在在广州，每一台大巴开出去之前会有安全员上车来查看你们是否有系安全带。因为大巴车翻车死亡率很高，特别是在春运、长假期间。在大巴车翻车的时候，系安全带和不系安全带简直就是生和死的区别。系了安全带的人，即便是翻车因为腰被安全带绑住，整个人不会有太大的冲撞，能受到的伤害也是比较轻微的。但是没有系安全带的，一旦发生碰到护栏或者其他车辆产生事故的时候，头冲破玻璃飞出去，尸横遍野都不在少数了。这两者是不是生和死的区别？

酒后绝不开车

小朋友，你们知道喝酒之后可不可以开车吗？答案是不可以。所以当爸爸妈妈带着你们出去的时候，你们就要当一个小小监督员。我们现在违法和犯罪的成本是非常高的了，如果家里面有直系亲属醉驾导致了刑事犯罪行为发生的话，你将没有办法开具一个身家清白、无案底无犯罪记录。而你一旦开具不了这个记录，很多就业机会甚至是进修学习都会受到一定的限制和不好的影响。所以在座的父母端起手中酒杯的时候，想想自己的孩子，请放下你手中的车钥匙，平安回家才是最快的道路。

» 海恩法则

海恩法则（Heinrich's Law），是德国飞机涡轮机的发明者德国人帕布斯·海恩提出的一个在航空界关于安全飞行的法则。海恩法则指出：每一起严重事故的背后，必然有29次轻微事故和300起未遂先兆以及1000起事故隐患。法则强调两点：一是事故的发生是量的积累的结果；二是再好的技术，再完美的规章，在实际操作层面，也无法取代人自身的素质和责任心。

不滥用远光灯

小朋友们的眼睛还很娇弱，在爸爸妈妈车里的时候，如果对向来车开了远光灯是会对小朋友的眼睛有一定损害的。作为父母应当让孩子远离这些伤害，那我们可以怎么做呢？我们开启远近光灯来切换提醒对向司机关闭远光灯。远光灯的滥用给我们带来的教训也是非常惨烈的。看远光灯的主驾驶司机视觉会瞬间变成白茫茫的效果，看不清前方任何道路和车辆，这是非常危险的。

» 禁令标志

禁令标志是禁止或限制车辆、行人交通行为的标志。形状一般为圆形，个别是顶角朝下的等边三角形或八角形。其颜色为白底、红圈、黑图案，图案压杠。

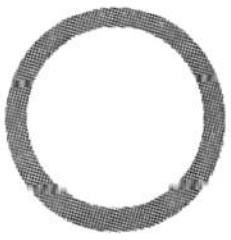

禁止通行

表示禁止一切车辆和行人通行

禁止非机动车通行

表示禁止非机动车通行

停车让行

表示车辆必须在停止线以外停车了望，确认安全后，才准许通过

禁止向左向右转弯

表示前方路口禁止一切车辆向左转弯向右转弯

禁止行人通行

表示禁止行人通行

禁止骑自行车下坡

表示禁止骑自行车下坡通过

三种主颜色的交通标志要学会区分

我们在道路上最经常看到三种颜色的标志。一种是蓝色的，一种是黄色的，一种是红色的。

（1）蓝色：指示标志，告诉你这个地方可以怎么做。

【举例】比方说标志上有一辆小汽车，又是个蓝色的底，是告诉你可以走小汽车，所以这个车道是机动车道。如果是蓝色的底画了一辆小的自行车，代表的是非机动车道，是告诉你这边走非机动车。蓝色上面有一个大手牵着小手，一个大朋友牵着一个小朋友在走路，这是告诉你这里只能走大朋友和小朋友，也就是说可以走行人，而是不走汽车。

（2）黄色：警告标志，黄色是很亮、很抢眼的颜色，它是告诉你，这个地方有什么，我们需要注意什么。

【举例】这个是红绿信号灯。黄色的底是指要注意信号灯，千万不要闯红灯，不要闯黄灯。刚才看到蓝色的人行横道的一张这样的图，跟这个很像，但是蓝色的是告诉我们要走人行横道的。变成黄色的底告诉我们这个地方有行人在过人行横道，车辆来来往往需要注意行人。

（3）红色：禁令标志，是指不能做的事情。

【举例】比如图画上的这个人是在走路，而在这样的行为图片上画上斜杠，就表示是这个地方人不能走。而如果一个红色圆圈图片里面什么都没有，红的是代表不能做，而里面是空的，所以这个图表示在马路上什么都不能通行，这既不能走人，又不能走车，是禁止通行标志。

» 指示标志

指示标志是指示车辆、行人行进的标志。其颜色为蓝底、白图案形状分为圆形、长方形和正方形。

· 人行横道

表示该处为专供行人横穿马路的通道。此标志设在人行横道的两侧。

· 靠右侧道路行驶步行

表示只准 切车辆靠右侧道路行驶。

· 步行

表示该街道只供步行。

· 非机动车道

表示该道路或车道专供非机动车行驶。

· 机动车道

表示该道路或车道专供机动车行驶。

共享单车使用要符合规范

讲到自行车，我跟大家讲一讲共享单车，现场有没有小朋友骑过共享单车的？或者说有没有小朋友被人用共享单车载过？在这跟大家讲一讲，自行车是不可以载人的，只允许载物，而且载的物也是有长宽高限制的。普通的自行车只允许骑一个人，后面搭人或前面搭人都不可以。不过公园里那种亲子自行车就另当别论了。

今天想跟大家普及的是没有满12周岁不要去骑共享单车。而且12岁是以身份证上生日的第二天开始算，不是我们认为的自然年。

这就是我们今天讲的所有内容。希望所有的小朋友可以通过今天的课程进一步知道如何保护好自己，不要受到伤害，更不要去做那些错误的行为。爸爸妈妈们多关注小朋友一点，安全是我们最重要的事情。

毒品远离我

王　鹏

广州市禁毒教育馆业务科科长。全国青少年毒品预防教育“6·27”工程优秀校外辅导员。广州市禁毒宣讲团成员。

（扫码观看本讲视频）

大家好，欢迎大家来到现场参与今天的禁毒知识讲座。我是广州市禁毒教育馆的禁毒宣讲员，接下来我将和大家一起学习预防毒品方面的知识。

我们要学习了解的是这五个方面的内容:

一、毒品跟我们有关系吗?

二、毒品是从哪里来的?

三、毒品是什么?

四、这些五颜六色的东西也是毒品吗?

五、怎样拒绝毒品，预防毒品的危害?

毒品跟我们有关系吗?

听到“毒品”两个字，许多人的第一反应是我不吸毒，毒品跟我没关系，我不必听你说，你也不要告诉我。实际上是不是真的是这样呢?我们通过数据来看，根据2017年中国禁毒报告提供的数据，截至2017年底，全国现有吸毒人员255.3万名，同比增长1.9%。其中，不满18岁1.5万名，占0.6%;18岁至35岁141.9万名，占55.6%。多么触目惊心的数据，毒品不但正在侵蚀青年群体的生命健康，还在少年群体身边潜藏下来，有可能带来更深远的危害。禁毒拒毒，这是与我们每一个人都息息相关的大事。

毒品是从哪里来的？

在历史上，我们国家就曾饱受毒品侵害，鸦片、大烟、东亚病夫、割地赔款，这些都是我们从小在课本上就能学到的饱含屈辱的名词。当时毒品被外国列强输入国内，全国上上下下吸食鸦片成风。历经两次鸦片战争的摧残，国家国力孱弱，民生潦倒，兵不成军。直至1949年新中国成立，中国共产党领导的新中国历经3年完成了全国禁毒的举世壮举。在之后的几十年里，人民得以远离毒品，免遭毒祸。20世纪70年代末80年代初，随着新一轮国际毒潮泛滥，毒品通过不法贸易途径，隐匿进入国内，并逐渐形成侵害规模。目前，世界范围的毒品流动主要来自三个地区：

一是金三角地区，是指位于东南亚泰国、缅甸和老挝三国边境地区的一个三角形地带，是世界上海洛因、冰毒、氯胺酮等毒品的主要产地。

二是金新月地区，位于阿富汗、巴基斯坦和伊朗三国的交界地带，其地形看似新月，因此得名。这里毒品生产长期存在，是传统毒品和许多新型毒品的来源地。

三是银三角地区，是指拉丁美洲毒品产量集中的哥伦比亚、秘鲁、玻利维亚和巴西所在地区，这里是可卡因、大麻等毒品的产地。除此之外，受到利益的驱使，近年，许多不法分子也在国内通过各种途径，偷偷地进行着制造毒品的犯罪行为。

毒品是什么？

根据国家《刑法》第357条、《禁毒法》第2条规定，毒品是指鸦片、海洛因、甲基苯丙胺（冰毒）、吗啡、大麻、可卡因，以及国家规定管制的其他能够使人形成瘾癖的麻醉药品和精神药品。

换一个角度，只要具备危害性、依赖性、成瘾性、违法性这四点特征的国家规定管制物质就是毒品。

按照毒品传播的时间顺序，我们可以把毒品大致分成三类：传统毒品、合成毒品和新精神活性物质。

传统毒品，是指鸦片、海洛因、大麻等这类从毒品原植物中提取、制造的毒品。

合成毒品，指的是冰毒、麻古、摇头丸等完全用有机合成的方法制造的毒品。

第三类是新精神活性物质，是指新出现的、存在药物滥用可能性但国际上尚未列管的物质，如氯胺酮、恰特草等。

提到毒品和毒品对人造成的危害，我们必须认识两个名词：一是“吸毒”，从法学的角度，吸毒是指通过非法途径，吸食令人形成瘾癖的麻醉药品和精神药品，在某些地区“吸毒”也被称为“药物滥用”；二是“毒瘾”，“毒瘾”是一次又一次的“吸毒”行为导致产生的，又称为药物成瘾，是在反复使用具有成瘾性药物的过程中，机体与毒品相互作用所形成的一种特殊的精神和躯体的病态的情况。

“吸毒”为什么会让人形成“毒瘾”呢？我们可以这样理解，在人脑中有一种神经递质叫多巴胺，它能够传递兴奋及愉悦等信息，又被称作“快乐物质”。毒品就是一种外来的多巴胺刺激物，它扼制了原来人体内多巴胺的形成和释放，破坏了人体内的“生态平衡”，形成人体在生理、心理上的依赖，只有不断递增外来摄入，才能保持人体平衡。反复多次后，人体对毒品的耐受性提高，药物作用逐渐减弱，吸毒者只能以更大的剂量连续不断地抑制身体反应，不能自拔。一旦停止外来供应，大脑一时又无法补充多巴胺，身体就会陷入一场供需危机，这就是戒断反应。

当停止使用传统毒品后，人体自身被抑制的多巴胺分泌功能，不会随之马上恢复，人就会出现因多巴胺分泌失调引发的各种生理症状，如流涕、流泪、头昏脑涨、乏力嗜睡等。这些就是吸毒成瘾后戒断反应的明显表征。

相比传统毒品来说，合成毒品，比如冰毒、麻古、摇头丸等，它们会促进神经递质耗竭性的释放，由此产生持续的、病理性的兴奋状态，导致神经细胞大量被破坏，引起神经功能系统的紊乱。神经细胞释放的快乐型神经递质不断减少，吸食者需要毒品的刺激来维持正常或异常的快感，只能持续吸食毒品。

需要强调的是，“吸毒成瘾”并不是如某些人所想象的那样一次吸毒立刻成瘾。“毒瘾”有一个逐步形成的过程。当个体与毒品物质接触后，因每个人的个体耐受性和接触的毒品物质成分、剂量各有不同，有的人在一次接触后不会出现明显的戒断反应；有的人却戒断反应强烈，毒品物质渴求反应明显。这并不能说明哪些人已成瘾。反而，有的侥幸者，见到无明显戒断反应的人，会以为其接触的物质不会上瘾，会持续或加大剂量使用该种物质，很快，“毒瘾”就会明显地表现出来。必须清醒地认识到，“吸毒”一定会对人造成持续性的伤害，不可存在侥幸心理，抱着“别人会上瘾我不会”或者“只试一次不会上瘾”的心态，盲目尝试。

到底毒品是什么模样？具有怎样的危害？我们举几个例子，逐个认识一下。

传统毒品

鸦片　俗称大烟。它是由未成熟的罂粟蒴果上划破后渗出的乳状液体经干燥处理制成的，即生鸦片，再经加工制成软硬如橡皮泥，呈褐色的膏状体。小剂量的鸦片有镇痛、镇咳、止泻的药用功能。长期吸食鸦片，会导致人体器官功能消退，先天免疫功能丧失，易患多种疾病，尤其是破坏人体胃、肝功能及生育功能，超剂量吸食鸦片会致人死亡。

吗啡　吗啡是从鸦片里面提取出来的生物碱制造的。是临床上常用的麻醉剂，有极强的镇痛作用。吗啡滥用可导致精神不振、意志消沉、思维和记忆力衰退，并可引起精神失常、肝炎等，严重的会导致呼吸衰竭而死亡。

海洛因　白色柱状结晶或结晶性粉末。通过鼻吸、抽吸、皮下注射和静脉注射等方式进入体内。它的成瘾性极强。吸用大量海洛因者会出现瞳孔缩小、畏光、肌体消瘦、说话含混不清、皮肤发痒、免疫功能降低等症状，并发艾滋病等病症。

大麻　一年生植物，含有400多种化学物质，其中有60多种具有类似的化学特性，因此被统称为大麻素。通过抽吸等方式来进行吸食。可让使用者产生愉悦感，改变心境以及对事物的主观感受，损伤思考及解决问题能力，大剂量使用可造成幻觉、妄想、精神失常。在某些国家，在其法律规定允许的情况下，大麻是被允许合法使用的。我国大使馆专门发布过一级预警，提醒大家，在去这些国家或地区旅游的时候，千万不要尝试使用大麻这种违禁品，它在国内是依法管制物质，一旦使用，回国后被检出，就会触犯刑法，受到相应处罚。

合成毒品

甲基苯丙胺　无色透明结晶体，形似冰，所以又名“冰毒”。少量服用后表现为精神振奋、无疲劳感、无饥饿感，容易让人形成这是有益处的“提神”物质的错觉。一旦长期滥用，就会造成慢性中毒、体重下降、溃疡、脓肿等。严重者会出现精神错乱、焦虑、烦躁、幻觉、妄想状态。在妄想支配下，滥用者可能会做出冲动杀人甚至自杀等暴力行为。过量使用冰毒可导致急性中毒甚至死亡。

麻古　冰毒的同族，以暗红色为主，也有多种颜色的变体。主要危害与冰毒一致。

新精神活性物质

联合国毒品和犯罪事务办公室（UNODC）对新精神活性物质的正式定义是：新出现的、存在药物滥用可能性但国际上尚未列管的物质。

新精神活性物质与前面提到的两类毒品的异同主要表现在：（1）新精神活性物质除化学合成的之外，还有天然植物提取的，如“恰特草”等；（2）新精神活性物质部分尚未列入各国法律监管；（3）新精神活性物质同部分合成毒品类似，成瘾性极强。其成瘾和慢性中毒的主要表现特征是滥用时的中枢神经兴奋与戒断后的中枢神经抑制交替出现。

氯胺酮 又名“K粉”“K仔”，常见形态为白色粉末或白色结晶粉末，可溶于水、饮料类物质。溶解后自体气味不强，几乎无色，隐匿性强。其对青少年群体危害较严重。在某些地区，它是犯罪分子对未成年人实施侵害的重要手段。常见于娱乐场所等未成年人聚集地。吸食后会造成精神障碍和认知功能损害，并引发躯体并发症。常见躯体并发症是泌尿系统损害和鼻部并发症等。泌尿系统损害表现为排尿困难、尿频、尿痛、血尿以及急迫性尿失禁等；鼻部并发症表现为鼻中隔穿孔和鼻出血等鼻部疾病。一位19岁的女孩曾在网络上发布的照片，让大家直观地见到，由于她高中时吸食毒品“K粉”导致膀胱纤维化，泌尿系统严重受损，小便失禁，不得不长期穿戴纸尿裤。她发布这组自拍照片就是为了警醒世人，不要轻信他人尝试毒品。毒品对于人的危害可见一斑。

这些五颜六色的东西也是毒品吗？

近年来，专门针对未成年人的毒品发展较快，一些不法分子通过改变形态，包装生产销售一些新形式的毒品，来降低未成年人的警惕，具有极强的伪装性、迷惑性和时尚性，以未成年人在娱乐场所滥用为主。

彩虹烟　这是最近一段时间，新出现的毒品形式。为什么会出现这种新的东西？因为随着公安机关对毒品犯罪的打击力度不断加强、公共媒体对毒品危害的宣传力度日益加大，毒品买卖等犯罪行为实施的难度越来越大。大众对毒品特征、吸毒行为等涉毒知识的认识度普遍提高。犯罪分子不再像从前那样容易行事，他们便想尽办法改变毒品外形，让它看起来不再像是毒品，让人容易上当受骗。等到诱骗受害者吸食、成瘾以后，毒品犯罪分子就可以对受害者为所欲为。彩虹烟就是其中的一种，它内含多种管制物质，根据公安机关破获的案件可得知，许多未成年人，就是被这种俏丽的外表特征所欺骗，进行吸食，然后上瘾的。

邮票　其内含物质的化学名称叫作麦角二乙酰胺，也叫“LSD”，是一种强烈的半人工致幻剂。这不是新出现的物质，但把它做成邮票的形式，诱惑未成年人吸食是近年来新出现的现象。因LSD挥发性较强，必须有附着物它才能传播，再加上“邮票”五颜六色的亲近属性，使其更容易被接受，尤其在未成年人群体当中得以迅速传播。在接触LSD之后，个体会产生强烈的幻觉，容易发生由他人对接触者进行的非法侵犯行为。

咔哇潮饮　内含γ-羟基丁酸，系国家管制物质。不法分子刻意将该物质与国家批准使用物质γ-氨基丁酸混淆，用于制造“咔哇潮饮”，谎称该饮料含有γ-氨基丁酸成分，既不会造成危害又可以助兴。“咔哇潮饮”在市面售卖期间，因其极具欺骗性，且在网上热销，受到不少年轻人“追捧”。实际上，饮用这种饮料后，内含的γ-羟基丁酸会造成人体暂时性记忆丧失、恶心、呕吐、头痛、反射作用丧失，甚至很快失去意识、昏迷，与酒精并用更会加剧其危险性，严重的会导致死亡。目前，“咔哇潮饮”类饮料已被国家公安机关依法管制。

止咳水　医学上称为复方磷酸可待因溶剂，主要成分是磷酸可待因、盐酸麻黄碱等，很多止咳产品的主要成分都是这两种。2015年5月1日起，含可待因复方口服液体制剂被列入第二类精神药品管理。因此，在法律上它也是毒品。长期服用止咳水，会造成药物依赖，并且会损伤人的中枢神经，还会出现手抖、失眠、失忆痉挛、抽搐及情绪烦躁、行为失控，甚至中毒性脑病、低钾血症等现象。需要注意的是，在国内正规医院与合法药房处购买的具有止咳作用的药液，其成分已经过检验，安全性是有保障的，可视病情遵医嘱正常服用，病好药停即可。出国出境时，如须购买药品，须查看药品成分，以免误用。

巧茶　又名恰特草、也门茶、阿拉伯茶、埃塞俄比亚茶等。这种看起来与我们日常食用的苋菜形似的植物，广泛分布于热带非洲、阿拉伯半岛。因其叶中含有兴奋物质卡西酮，咀嚼后会对人体中枢神经产生刺激作用并容易成瘾，是国际组织明确认定的毒品物质，又被称为“东非罂粟”。很多国家已将其列为兴奋剂或受管制药物，严禁旅客携带或邮寄入境。从2013年开始，我国已经将恰特草列入毒品的严打范围之内。2014年1月1日起，根据中国《刑法》有关规定，恰特草属毒品范畴，严禁携带入境。

此外，在我们周围还存在着像“笑气”“紫水”“开心水”等多种新形式的“伪装毒品”需要我们认识、了解，避免受其侵害。

怎样拒绝毒品，预防毒品的危害？

诱使未成年人吸毒的原因很多，包括：

盲目的好奇　对某些新鲜事物感到特别的有意思，觉得自己必须要去尝试一下。

贪慕虚荣赶时髦　觉得吸食这个东西是特别前卫的事情，自己一定得去干一干，要不然怎么显得自己特别酷呢。追求刺激和享乐就是喜欢玩刺激的，怎么高兴，什么好玩，什么“爽”，自己就玩什么，完全不顾后果。

无知轻信和模仿　尤其是模仿行为更容易造成伤害。模仿行为除了模仿同伴之间的行为之外，还有包括模仿社会人的行为，比如模仿明星。未成年人追星现象较为普遍，近几年来一些娱乐明星吸毒被抓获的案例时常见诸报端，甚至出现过有些未成年人公然宣称“某某是我的明星，他是不是吸毒？他要吸我也要吸，我要跟我的明星一样”这样的吸毒案例。

赌气或者逆反心理　越是不让自己尝试的事，自己就非要去做一做。

诱骗胁迫　比如，以谎称吸毒可以减肥、可以提高学习成绩为诱饵，诱骗未成年人尝试吸毒。

同伴压力　“同伴”是指空间上比较邻近，有相似的年龄、经验、兴趣、爱好、社会背景、地位信念、价值观和相似的人格特征的人。尤其在未成年人当中，因他们年龄相近，社会认知程度相似，并有共同或接近的观念、行为方式和生活方式，时间和空间上接触机会较多，交流起来更加方便，具有更强的诱导力。据调查，有70.1%的人明知吸毒是违禁的，但在朋友唆使、诱迫下，他们刚开始被迫尝试毒品，在其逐渐吸毒成瘾后，会放弃甚至改变自身原有的价值认同，由被动吸毒变成主动吸毒。对未成年人来说，在吸毒诱因中，最重要的原因之一就是同伴影响。

家庭因素　这是未成年人吸毒案例当中起重要作用的一环。不仅是在涉毒事件里，在其他许多案例中，家庭因素都是决定未成年人能否健康成长的关键。国家登记在册的吸毒者当中，部分是缺乏父母关爱的孩子，有的甚至是应当还在小学读书的年龄。由于各种原因，有的父母缺乏对孩子的关注和监管，没有及时给孩子说明毒品危害的严重性，甚至做出错误的示范，导致孩子误入歧途。

分析了诱使未成年人吸毒的原因，让我们来尝试帮助未成年人拒绝毒品。要拒绝毒品，我们主要做到这五个方面：

一是家长的陪伴和教育。我们刚刚提到家庭因素时，曾特别强调家庭教育在孩子的健康成长过程中的重要性。未成年人正处于形成正确的世界观、人生观、价值观的成长过程之中，需要家长的指引。家长做到言传身教、正确引导是必要的人生功课。

二是谨慎地选择朋友。未成年人和怎样的人交朋友，很大程度上影响他面对大是大非等重大问题时做出的选择。在涉毒问题上，身边存在“不良朋友”会导致未成年人更容易走上吸毒歧途。由于年龄特点和心理成熟度等原因，未成年人对“益友”或“恶友”，有时不能做出清晰的判断。未成年人自身首先要端正认知方向，对身边的同伴有正确的了解和认识，避免和那些经常发生违反正常纪律规范行为的同伴过多来往。作为家长，不但要帮助未成年人择交益友，更需要多关注孩子身边发生的各种情况，及早警示，进行干预，阻断“不良朋友”的影响。

三是警惕陌生人的侵犯。在一些陌生人较多的场合，特别是在娱乐场所，陌生人侵犯事件会更频繁地发生。需要警惕我们容易忽视的细节，比如，不喝别人开罐后递来的饮料；起身离开后返回，不再食用座位上的食品、饮料；不接受陌生人的馈赠；不要因为受到他人唆使或挑衅而对自己未知的物质进行尝试等。做到这些，可以更好地保护自己。

四是远离不健康的网络圈。在五光十色的网络世界里，未成年人很容易接触到各种不良内容，这些内容会对未成年人产生误导，进而诱导他们发生违法行为。比如近期被报道过的学习辅导软件上出现不良内容的事件就是一个例证。未成年人如何正确地使用网络、免受不良内容的滋扰是一个说易行难的课题。但站在家长的角度，在未成年人足够成熟，具备自控能力，足以保护好自己之前，对其使用电脑、手机等网络工具，需要合理地监管监控，避免孩子受到来自网络上不良内容的侵害。

五是避免出入易涉毒的场所。比如我们刚提到的娱乐场所、网吧等都是未成年人涉毒事件的多发地。避免在这类场所流连，可大大降低未成年人被毒品侵害的风险。

最后我们借用一部特别受关注的电影《流浪地球》里面的名句，提醒大家："道路千万条，拒毒第一条。少年尝一口，亲人两行泪。"今天的讲座仅仅向大家展示了毒品危害的冰山一角，希望能以此给在座的未成年人和家长们打开一扇窗，增加大家对毒品危害的认识，更希望大家能在未来的日常生活和学习中主动学习毒品的相关知识，增强"防毒拒毒"的信念，彻底地做到"珍爱生命，远离毒品"，拥有绿色健康的美好人生。谢谢各位。

法律护我平安成长

林　鹏

广州市人民检察院未成年人检察工作办公室一级检察官，“小 Law 号法治宣讲先锋队”宣讲员。曾获“广州市直属机关优秀共青团员”“首届广州市未成年人检察业务竞赛标兵”等荣誉称号。

（扫码观看本讲视频）

各位家长、同学们，大家好！我是来自广州市人民检察院未成年人检察工作办公室的林鹏。今天很高兴能够在这里和大家一起分享这堂法治课。在上课之前，先给同学们提个小小的要求：我们的课堂有很多互动的机会，希望大家能够全心投入、踊跃参与，答对了有奖品哦！下面，我们的法治课堂正式开始！

检察机关的职能

今天的课程，我想从我工作的地方说起，刚才介绍了我工作的单位是广州市人民检察院。那么，第一个问题来了：有谁知道检察院是干什么的？

要大家准确说出检察院的工作职能可能比较困难，下面就由我带大家认识一下检察院。我想以一个例子来说明：我带着新买的手机去坐公交车，不料被小偷盯上，把手机偷走了。但幸好旁边的乘客见义勇为逮住了小偷。这时候我首先要拨打110，警察来到现场带走了小偷。我们都知道，偷东西会坐牢。但是有谁知道，从警察带走他，到法官判决之间，这个小偷究竟会经历什么呢？

我们来看一下，警察代表的是侦查机关，法官代表的是审判机关，而将他们联结起来的就是我们的检察机关。拿我们刚刚的例子来说，侦查机关接到报警后，会立案侦查，收集这个小偷实施盗窃的相关证据，比如调取车上的监控录像、询问车上的乘客等等。侦查终结后，公安机关就会把案件移送到检察机关。检察机关收到案件后，就对相关犯罪事实进行审查。如果检察官认为这个小偷确实构成盗窃罪，符合起诉的条件，就会向法院提起公诉，代表国家起诉这个小偷。法院会开庭审理，检察官就要出庭支持公诉。法官审理后认为小偷构成犯罪，就会依法作出有罪判决，对小偷判处刑罚。

上面对检察机关最主要的职能也就是审查起诉职能作了一个简要的介绍。而我所在的“未成年人检察工作办公室”，则是专门针对未成年人保护而设立的一个部门，除了办理案件，同时还要承担犯罪预防、法律监督等职能。我除了是一名检察官，还是我们未检办“小Law号法治宣讲先锋队”的宣讲员。我们的使命就是：“让犯罪远离孩子，让孩子远离犯罪”，除了让大家不要去犯罪，对于小学生来说，我们更重要的是让大家远离犯罪的侵害。

远离侵害

我们小学生，体力和智力都比不上成年人，往往更容易成为侵害的对象。大家想一想自己比较容易受到什么犯罪的侵害呢？

在我们办理的案件中，对未成年人实施侵害的犯罪类型主要有下面几种类型：暴力型人身伤害犯罪主要涉及故意伤害、故意杀人、虐待、绑架这些罪名；性侵类犯罪主要涉及强奸、猥亵儿童、强制猥亵、强迫卖淫这些罪名；除此之外，还有诈骗、敲诈勒索、抢劫这些侵害财产类的犯罪。犯罪离我们并不遥远，侵害也随时可能发生。接下来，我就选择最常见的两种侵害形式和大家讲一讲。

首先要说的是发生在校园内的一种侵害——校园欺凌。

校园欺凌

校园欺凌的含义

在我上学的时候，还没有校园欺凌这样的提法，但是我现在回想起来，校园欺凌当年就发生在我的身边。那什么是校园欺凌呢？首先请大家看一个动画小短片。

（播放机器猫动画片段）

大家说动画片中胖虎对大雄的行为是不是校园欺凌？校园欺凌是指发生在校园内外、学生之间，一方（个体或群体）单次或多次蓄意或恶意通过肢体、语言及网络等手段实施欺负、侮辱，造成另一方（个体或群体）身体伤害、财产损失或精神损害等的事件。

我想请大家说一说，除此之外，同学们认为还有哪些行为也属于校园欺凌？

校园欺凌的形式

校园欺凌包括身体欺凌、语言欺凌、社交欺凌和网络欺凌这几种形式。

（1）身体欺凌：像刚才动画片中胖虎拿球棍追打大雄就是一种身体欺凌，也是校园欺凌中常见的形式。

（2）语言欺凌：是指恐吓、嘲笑、侮辱、戏弄等。大雄近视需要带眼镜，胖虎就给他起一个“四眼仔”的绰号，并以此嘲笑、辱骂大雄，这就是一种语言欺凌。

（3）社交欺凌：主要是指排挤、抵制、孤立等。胖虎不喜欢大雄，他就让班里所有的同学不许跟大雄玩，说谁跟大雄玩就打谁，这就是一种排挤、孤立，我们称为社交欺凌。

（4）网络欺凌：是指在网络上发布具有人身攻击成分的言论，利用网络造谣并传播。胖虎在微信上发了一条朋友圈，捏造事实说大雄考试作弊，同时还让大家不断地转发。这种网络传播而带给大雄的伤害就是网络欺凌。

上面说的这四种形式，如果行为的性质和后果严重的话，就可能涉及犯罪，涉及的罪名有故意伤害罪、敲诈勒索罪、侮辱罪、诽谤罪等。请大家一定要注意后面的三种，因为在很多人的认识中校园欺凌仅仅是学生之间的拳打脚踢，把语言欺凌、社交欺凌等当作孩子之间的玩笑打闹。所以，如果遇到这些情形，自己要有足够的重视，想一想是不是遭遇了校园欺凌，如果是就要及时寻求家长老师的帮助。不然的话，校园欺凌所带来的伤害日积月累、潜移默化，会严重影响到被欺凌者今后的生活。

校园欺凌的危害和应对

那请大家想想，校园欺凌可能会带来什么危害呢？我再请大家看一个电影片断。

（播放《悲伤逆流成河》片断）

大家可以看到校园欺凌给女主角造成严重的身心创伤。那我想问大家，对于目睹校园欺凌的旁观者来说有没有危害呢？目睹欺凌的人往往会感到内疚、不安，或为求自保，不自觉地加入欺凌行列，并且他们今后产生心理问题的机率会更高。而欺凌者也会在不同程度上形成道德滑坡、人格扭曲，甚至走上犯罪的道路。

刚才说了校园欺凌的危害，我们大家要如何远离呢？

遭受欺凌的应对

一是保持冷静。做到完全不害怕，那是不可能的。但一定要给自己积极的心理暗示，告诉自己欺凌者是做错事的人，他们并不像表面看上去那么强大，鼓励自己不要害怕欺凌者，要表现出淡定从容，并义正词严地表示抗议。因为欺凌者经常会遇强则弱。如果你表现出非常畏缩害怕，反而正中了他们霸凌取乐的下怀。

二是保证安全。不要害怕欺凌者并不是让你撸起袖子来与他们一决高下，特别是在敌众我寡、力量悬殊的情况下，人身安全才是首位的。不要逞强，不要激怒对方，能逃跑就赶紧跑，或者尽量躲到有监控摄像头的区域。逃不了的，考虑是否有向周围求助的条件，如果没有的话暂时示弱求饶也不失为一种方法。总之要保护好自己。面对语言暴力的，淡然处之，不卑不亢，不要争嘴上一时的高下，告诉自己赢了也没有意义。

三是及时告知。经历校园欺凌后一定要告诉家长和老师，要相信你的父母、老师一定会帮助你。你可能会觉得欺凌者非常强大，但是在父母老师面前，他们往往也只是不成熟的孩子，要相信一定会有办法保护你，而不要独自承受身体上和心理上的创伤。

四是以法维权。同学们，会保护你们的不仅有你的父母老师，还有我们国家的法律。校园欺凌可能涉及故意伤害、寻衅滋事、侮辱罪、诽谤罪等，这就由我们的《刑法》来保护大家，让欺凌者承担刑事责任；如果没有达到犯罪的程度，那么我们的《民法》也不会让他们为所欲为，他们在民事上也要承担相应的侵权责任，应当赔偿损失、赔礼道歉、消除影响、恢复名誉等。

目睹欺凌的应对

根据芬兰著名的防校园欺凌项目KIVA的研究，除去8%的欺凌者和12%的受害者，剩下有80%的欺凌目击者。而这个群体在防止校园欺凌中起到了非常重要的作用。

作为欺凌的目击者，我们应当：

一是培养同理心。学会换位思考，正确认识欺凌事件的性质。

二是不围观、不支持。如果目击者在欺凌过程中大笑或表示支持，往往会鼓励欺凌行为继续。

三是在确保安全的前提下给予受欺凌者支持。

性侵害

认识性侵害

接下来我们要说的是性侵害，这也是一种对身体的伤害。在讲之前，我想看看同学们是否了解自己的身体，大家能不能准确地说出哪里是隐私部位？

泳衣覆盖的地方就是隐私部位。隐私部位不可以让别人看、让别人摸，也不能去看、去摸别人的隐私部位。

我们的身体是我们的好朋友，可以帮你做很多事，包括传递感情。我们除了嘴巴可以说话，身体也可以说话。比如，你的妈妈摸一下你的头是表示疼爱；你的老师拍拍你的肩膀是表示鼓励；你和好朋友互相拥抱，是表示友好。这些身体上的接触，我们心里是会感觉到愉悦的，这些都是好的、安全的接触。那有没有一些接触，会让我们觉得不愉快、不舒服，甚至害怕呢？比如说，有人有意接触到你的隐私部位，你感觉怎么样？

上面说的这种就是不好的身体接触，如果不及时停止，很可能会给我们的身体带来侵害，这就叫“性侵害”。性侵害有三种最常见的形式：第一种是他人对自己的隐私部位没有必要却有意识的接触；第二种是他人让你去接触他的隐私部位；第三种是让你展示自己的隐私部位或让你观看带有身体裸露的图片、影片。这些给我们的感觉是不是都非常地不好？那我们一定要学会怎么去防范它！

防范应对性侵害

【实训环节：帮帮女主角】

接下来，我要播放一段电影片段，片断来自美国电影《飓风营救》。

大家看到了，电影中的女主角Kim和朋友因为自我保护意识不强而遭遇了危险，但是同学们有没有想过，这些危险本可以避免的。如果请你乘坐时光机，回到Kim和朋友到达巴黎的那一刻，你会提醒她们注意什么？

（参考答案：1. 到达异地没有及时告知父母；2. 没有如实向父母告知住宿安顿的情况；3. 面对陌生男子的搭讪，防备心理太弱；4. 随意和陌生人拼车；5. 随意向陌生人暴露自己的住所；6. 随意向陌生人透露家人外出的信息。）

如何对待陌生人：我们不随便跟陌生人走；不随便接受陌生人的物品；不随便搭乘陌生人的车；不和陌生人视频聊天。另外，出门要告知父母家人你的行踪，尽量结伴而行，也是保证安全的有效方法。

说到这里，我想问大家，是只有陌生人才会给我们带来侵害吗？我告诉大家，并不是的。熟人，也就是我们认识的人，也可能带来伤害。我们办理的案件中，侵害有来自邻居、来自老师、来自父母的朋友，甚至来自至亲的家人……不管他是什么人，甚至是我们平时非常尊敬的人，只要他做出了我们上面所说的行为，那他就是坏人。当然了，如果身边的熟人没有做出侵害的行为，我们也不能随便开玩笑对不对？

所以当有人接触到你的身体，让你感觉到不舒服，特别是接触到隐私部位时，那么，不管对方是陌生人还是熟人，都要学会拒绝。如果在人多的地方，比如在公共汽车上，陌生人故意触摸我们的身体，我们要坚定有力地大声说："我不认识你，不要碰我！"并向身边的人求助，之后及时离开，去到安全的环境。

如果是在人少的地方呢？记住这句话：保持沉着冷静，生命安全第一。接下来，我们可以按照以下步骤应对：

首先，要拒绝和适当地反抗。特别是对于对方试探性的侵害，尝试触摸你的隐私部位时，要大声拒绝对方："不要碰我！"并尽快离开。

如果无法离开现场，而且对方没有停止侵害，这种情况我们则要避免用大声哭喊、骂人、打人等激烈的方式对抗坏人，为的是避免激怒坏人，带来生命危险。

第二，可以编造理由骗坏人，借机逃脱。虽然我们要做诚实的孩子，但记住坏人是可以骗的。比如跟他说你先带我去买个好吃的……再视周围的环境机智逃脱或向他人求救。

第三，如果实在无法逃脱，请默默地记住对方的长相及特点。比如说对方的高矮胖瘦、口音、发型、身上哪个部位有痣或纹身等。同时，可以悄悄地在沿途或者现场留下自己的随身物品作为记号，比如帽子、发夹等等。

讲完了这些，万一非常不幸，伤害还是发生了，我们该怎么办？虽然我们都不愿有这种情况发生，但是接下来要说的内容是同样重要的。

首先，请大家记住，如果坏人真的伤害了我们，一定不要觉得自己做了让人抬不起头的错事。我们没有错，错的是坏人，他应当为他的行为受到惩罚。而怎么让他受到应有的惩罚呢？我们的作用很关键，如果我们保持沉默，坏人可能会继续伤害你，或者会有更多的孩子受到伤害。那么要怎么做呢？

第一，受到伤害后，坏人可能会要你帮他保守秘密，但是记住坏人的秘密不用保守。在脱险后，不要害怕，一定要马上告诉父母或者你信赖的人。

第二，不要立刻洗澡、洗衣服，这样可能会破坏坏人留下的罪证。

第三，马上报警！告诉警察你被侵犯的时间、地点及坏人的特征，并把贴身衣物，或者坏人遗留的钱包、证件、衣物等随身物品交给警察。

第四，在家人的陪同下去医院检查身体。

接下来惩罚坏人的事情就交给我们，实施侵害的坏人在《刑法》上可能构成强奸罪、猥亵儿童罪；除了要承担刑事责任之外，还要承担民事赔偿责任。我们的法律是不会放过他的。

法律与我们的生活

法律与我们

刚才讲到了，当我们受到伤害的时候，法律会从不同的方面保护我们，比如《刑法》通过刑罚来惩治犯罪分子；而《民法》让侵权的人必须承担赔礼道歉、赔偿损失等民事责任，规定了平等主体之间的财产关系和人身关系。除此之外，在我们日常生活中，还有很多法律在保护着我们。比如《义务教育法》保护我们受教育的权利；《道路交通安全法》规定了交通规则，保证我们出行的安全；《消费者权益保护法》是为了使我们在消费中的人身、财产的安全权、知情权等合法权益不受侵害。

但是同学们会不会觉得，受到伤害那也是小概率事件，保护未成年人的各种权利也都是大人的事，我们现在只是小学生，法律离我们还远着，甚至跟我们没什么关系呢？下面请大家和我做一个游戏。

【游戏环节：绝地逃生】

我请五位同学上来，我会给每位同学一个系线的小球。这些小球代表了你自己，这个瓶子代表着餐厅，我们模拟大家刚好在同一个餐厅吃饭的情形，现在请大家都进入餐厅。好，正当大家愉快用餐的时候，火警的警报响了，提示餐厅内有火情。大家要以最快的速度逃出餐厅。下面我看看谁能够第一个逃出来。大家准备好拉紧手上的线，听到警报后，大家以自己觉得最快的方式让小球从瓶子里出来，看谁最快。

我们看到了，因为刚才出口太挤，有人没有逃出来，看来情况有点不太理想。下面我们要调整一下（设置顺序规则）。下面我们再来看一下——

这次大家都逃出来了，速度也不慢。有可能你不是第一个逃出来的，但是全部人在比较短的时间内都获得了安全。为什么两次模拟会有这么大的差别呢?

这是因为我们第二次制定了一个规则,所有人必须按照一定的顺序依次拉动绳子。这个规则有效地避免了争先恐后拉绳子的情形,使所有人都能顺利逃出。

大家想一下,这个游戏跟我们刚才讲的内容有什么联系呢?我们常说,无规则不成方圆。家里有家的规矩,学校有学校的纪律,这些都是社会的规则。而法律则是我们社会最高的规则,因为它是通过国家立法而确定下来的规则。这些法律不仅保障着我们方方面面的权益,同时规范着我们国家、社会和公民生活的运行。试想如果我们的生活没有了规则没有了法律,是不是会乱成一团?

正如刚才的小游戏，在没有规则的情况下，每个人都以自身的利益为重，结果有可能这个利益没办法实现，还影响了其他人或者社会的整体利益。而规则往往是以束缚自由的形式出现的，规定我们不准做这个不准做那个，但是正因为如此，我们的社会生活才能井然有序，每个公民才能从中实现最大的自由和个人利益。

所以对于我们小学生来说，也要从小树立规则的意识，学法守法，遵守学校各项纪律，遵守法律法规。当遇到合法权益被侵害的情况，同样要学会勇敢地使用法律的武器来捍卫自己的权利。

同学们，回顾今天课程的主要内容：我们认识了检察院，学会了分辨校园欺凌、性侵害的形式，认真思考了如何应对校园欺凌和性侵害。同时我们还体验了规则的重要性，明白了遵纪守法对于个人和社会生活的意义。希望同学们从小树立法律意识，学会守法、爱法，学会用法律来保护自己，让我们的校园成为一片宁静安全的净土，让我们每一个人都能健康平安地成长。这是我们检察官最大的愿望。

注意缺陷多动障碍的早期识别与处理

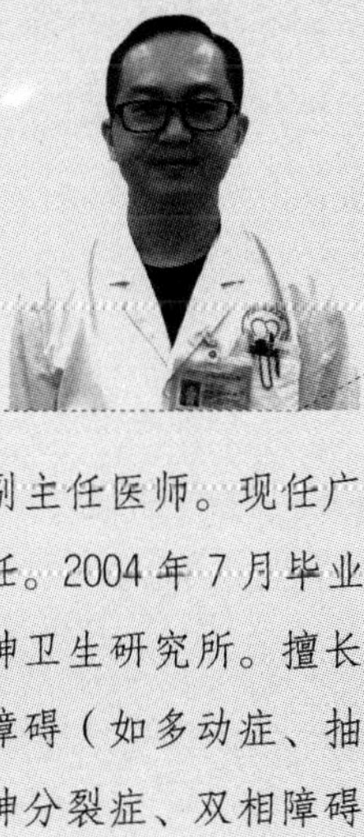

程道猛

副主任医师。现任广州市惠爱医院儿少病区主任。2004 年 7 月毕业于中南大学湘雅二医院精神卫生研究所。擅长儿童情绪障碍、儿童行为障碍（如多动症、抽动症等）的诊治，以及精神分裂症、双相障碍等重性精神疾病的早期干预。同时致力于儿童青少年心理卫生知识的科普推广，经常受邀到学校、社区举办专题讲座。

（扫码观看本讲视频）

各位朋友，各位家长，大家好！我是广州市惠爱医院儿少科的病区主任，我们病房收治的都是相对比较重的精神心理障碍患者，而多动症在我们科的门诊相对遇到的会多一些。今天我就跟大家普及一下多动症到底是怎么回事。

很多人可能从字面上看，说多动症是不是这孩子就特别活跃、特别多动？其实多动症更核心的东西，可能不是多动，而是注意力缺陷的问题。我们先看一段视频（略）。刚刚大家通过这个新闻报道，能够相对比较直观地或者能清晰地看到，多动症有什么样的表现，那它有什么样的危害？比如说这孩子他很多动，上课不专心，另外一个方面就是他会很冲动，他会影响到其他的孩子。那么这种疾病的危害是什么？他的学习肯定跟不上，还有一个很重要的就是他的社交关系受到了影响，同学都不跟他玩了，同学对他不好。为什么？因为他自己有这么多的问题，可能同学都在回避他，我们说多动症不单单是对自己的影响，如果严重的话他会影响整个班级。我们在门诊上经常会遇到这样的一些事情，比如家长跟学校老师，甚至校长一起过来，因为学校方面也很难做，其他所有的学生家长可能都在投诉，说这个孩子太乱了，扰乱了整个课堂秩序，上不了课。但是作为家长来讲，他觉得孩子需要读书，学校不能就这样把孩子就赶走了，不给他上学了。所以怎么样去平衡这样的一个关系，我觉得真的很重要。

多动症概述

多动症的概念

既然今天我们是讨论多动症，那么什么是多动症？它在学术上叫作注意缺陷多动障碍，简称ADHD，是儿童青少年时期非常常见的一种神经发育性疾病。它有三个核心的症状：一个就是注意缺陷；另一个就是多动；还有一个就是冲动。冲动体现在什么方面呢？他的行为上，他的情绪上，他的情绪很不稳定。这样的孩子通常是特别任性，他想要什么就马上要得到满足，如果你不能满足他的话，他就会特别冲动，发脾气，甚至哭闹，大一点的孩子可能还会动手，所以说冲动性是它一个很重要的特点。

多动症的诊断演变情况

ADHD的疾病演变情况：它并不是最近才有的疾病，早在1845年霍夫曼医生就把人类的这种活动当作一种疾病来描述。又过了一百多年人们把它命名为“轻微脑损伤综合征”，也就是在这一百多年里，其实越来越多的人已经意识到这是一种疾病，到了ICD-9跟ICD-10（ICD是世界卫生组织的一个诊断分类系统）就把这种疾病命名为“儿童多动综合征”。从这个概念上看它的核心的症状，还是“多动”，所以“多动症”的叫法就是从这里来的。到了1994年，美国的DSM-IV诊断系统认识到注意缺陷是这种疾病的一个很核心的症状，所以他就命名为“注意缺陷障碍”。到了2013年，DSM-5也是命名为“注意缺陷多动障碍”。

多动症可能的病因

现在越来越多的研究表明，多动症是一种神经发育性的障碍，神经发育障碍体现在哪里？就是说在大脑发育的关键阶段，出现了一些损害，有可能是在产前或者分娩过程中出现了一些脑损伤，还有出生以后包括围产期一些因素。另外ADHD跟遗传也有关系，可能很多患儿的父母小时候也有过类似的表现，只是没有做过具体的诊断而已，而且患者如果有同胞兄弟姐妹的话，患有多动症的可能性也要比普通人群要高，所以说遗传因素在疾病的发生过程中也起到了一个很重要的作用。还有一个原因，可能跟心理社会因素有关，包括后天的家庭环境、教养方式可能有一定的关系。目前研究认为ADHD可能是一个多基因的遗传病。有个问题特别重要，希望大家都能够知道，如果一个孩子被确诊患有多动症，往往这个家庭就会陷入争吵当中，父母可能会互相指责，而这种争吵又会带来更大的问题，家庭可能越来越不和谐，对孩子的教育就会越来越困难。所以我们现在一定要知道，多动症是有关大脑的疾病，是很明确的神经发育障碍，不要总是把它归咎到家庭教育出了问题。如果我们能够意识到这点，家庭中的争吵就会避免，也可以避免很多不必要的自责内疚。家庭教育不是多动症的一个根本的原因，但它会影响到多动症的因素之一。

多动症的流行病学情况

接下来介绍一下ADHD的流行病学资料。在我们国内的报道中，它的患病率大概是1.5%到10%，目前比较主流的观点认为，在学龄期的孩子患病率大概是5%左右，如果一个班上有40个孩子，总会有一两个甚至两三个的孩子，可能是多动症患儿。如果按照这个患病率，目前在我们国家，在儿童青少年中大概有2300万的多动症患儿。还有一个特点是男性多于女性，大概的比例是4—9:1，这可能是跟遗传有关系的。

多动症的临床表现

刚刚疾病的概念里面其实也看到了，它有三个核心的症状：第一个是注意缺陷，就是注意力不集中；第二个就是多动；第三个是冲动。接下来我们分别看一下。

注意缺陷 我们从字面上来看，就是注意力不集中。患儿集中注意力的能力是减弱的。比如说上课的时候特别容易走神，特别容易分心，容易被外界的东西所吸引。另外一个表现可能是老师和家长都很头疼的问题，布置作业他抄不全，做作业特别拖拉。不光是做作业，生活当中做任何事情都很磨蹭。这些表现都是注意力不集中的问题。

多动 从字面上非常好理解，那就是表现为活动增多、特别活跃。比如说这样的孩子是不分场合的，在课堂上可能也会离开座位，东摸西搞，搞一下这个，搞一下那个。去到别人家里，就像自己家一样，东摸西搞、翻箱倒柜，这样的孩子破坏力特别强，可能一个玩具很快就会搞烂了。

冲动 从字面上也是比较容易理解的，就是说做什么事情不考虑后果，想到了他就要去做。再一个就是比较任性，想要的东西现在就要，现在你就要满足我，要不然就会哭闹，而且也不分场合。冲动还有一些表现，比如说老师课堂上提问，老师还没问完，他马上就抢答了，其实他并没有听清楚老师在问什么问题。还有一个表现就是孩子的情绪控制能力也是比较差的，特别容易发脾气，动不动就生气了，甚至会出现摔东西的情况。

伴随症状 多动症除了核心症状，往往还有很多伴随症状，而且多动症可能会有很多共病的情况，单纯多动症可能只有30%左右，大多数会伴有其他的问题，比如说情绪障碍、抽动障碍等等。如果多动症没有及时干预的话，可能会发展到“对立违抗性障碍”，甚至“品行障碍”。

有一个问题需要大家特别重视的是，这个病不单单是儿童才有，如果不去干预，它可以持续到成人，50%到60%以上的ADHD，如果不去干预，可以持续到成人这一阶段，只不过每个阶段它的具体表现是不一样的。比如在学龄前，就是在幼儿园阶段，主要表现是行为紊乱，以多动为主。到了学龄期，行为紊乱依然存在，但开始出现学习方面的问题，成绩跟不上了，另外会出现社交困难。再大一点，到了初中或高中，仍然会有社交困难、学习成绩的问题。而且可能会牵涉到一些法律问题，比如说打架，或者出现小偷小摸等不良习惯。到了成人期，如果没有经过适当干预，仍然会存在较多的问题，比如说职业失败、社会社交关系的问题。

多动症就诊的原因

关于多动症前来就诊的原因，主要有两个方面：一个是老师的建议。我们从老师这个角度上看他有什么问题？扰乱课堂秩序，这个是老师不能忍受的，这是最重要的。另外就是上课走神，学习成绩不好。作为家长来说，做作业磨蹭、拖拉，这是做父母难以忍受的。另外一个原因就是孩子脾气暴躁，经常无故发脾气。还有就是我们认为的“不听话”，也就是说孩子已经出现了对立违抗的问题。

多动症的诊断

关于ADHD的诊断，我们知道，ADHD和其他精神心理问题一样，目前并没有客观的证据可以直接去确定诊断，更多是靠临床观察和评估。那么诊断程序就非常重要。首先是病史的收集，我们需要了解孩子的发育情况，了解孩子症状的发展情况，对孩子正常功能的影响；除此之外还需要进行各种评估，如家庭环境、父母教养方式等；另外一个是关于共病的评估。评估以后要做一些必要的检查，如脑电图、CT、磁共振，以及各种量表评估，量表可以尽可能客观地反映孩子的症状。目前我们常用的诊断标准是DSM-5和ICD-10的标准。拿DSM-5诊断标准为例：首先是症状标准，注意缺陷和多动/冲动两个方面，各有9条标准，如果符合其中的6条，就可以做出诊断。目前ADHD主要分为三个类型，分别是“注意缺陷为主型”“多动冲动为主型”和“混合型”。

多动症的治疗

非常幸运的是多动症是有药可以治疗的，不像其他发育性障碍，如精神发育迟缓和自闭症目前缺乏有效的药物治疗，只能通过后天的教育训练，才能达到某种程度的功能改善。关于多动症治疗的建议方面，各相关学科（儿童精神科、发育行为儿科、儿童神经科、儿科、儿童保健科等）的临床医师应该认识到ADHD是一种慢性疾病，应首先制订一个长期的治疗计划；主管医师、家庭成员、患者、学校老师等多方合作，应该针对每一个个体，明确一个恰当的个体化的治疗目标以指导治疗。作为老师也应该有以下几点认识：第一，儿童多动症是病态，不应歧视，不应打骂，以免加重孩子的精神创伤；第二，对儿童多动症必须进行药物治疗，但药物不能代替教育，药物可为教育提供良好的条件，应该正确理解药物的作用与副作用；第三，要取得良好的疗效，必须四方面（患儿、家长、教师、医师）互相配合。

具体到治疗方法，在这里特别要强调的一点就是药物治疗是整个治疗的基础。在药物治疗控制症状的基础上，开展一些非药物治疗的手段，可以获得更好的疗效。很多父母担心，孩子那么小就要长期吃药，会不会导致身体发育受到影响？这一点请各位父母放心，药物虽然可能有些副作用，但通常都是短期的、可以耐受的，药物治疗能够达到什么样的目标呢？首先可以改善关系，改善亲子关系，改善师生关系，改善同学关系，这是很重要的一个内容；其次是提高学习成绩；再次就是减少破坏性的行为，这也是我们治疗的目标，因为多动症的孩子破坏力是很强的，家里的东西可能会搞烂，学校的一些公共财物可能也会被他搞烂，甚至严重的时候他会摔东西、打人，经过治疗以后，这种破坏性行为会减少；另外一个就是提高自我照料的能力，由于孩子的注意力不能集中，往往需要父母帮他做很多的事情，比如整理书包，整理房间等等，经过治疗以后，他就可以做好这些事情；还有一个治疗目标就是改善自尊，通过治疗，学习成绩提高，社交关系改善，自信心就回来了。

药物选择方面，目前治疗多动症的药物并不多，在国内的指南里面，只有两种药物是作为一线的用药。一种是中枢兴奋剂，目前国内只有一种药物，叫作哌甲酯缓释片。这种药物起效较快，很多孩子服用后很快就能达到治疗效果，如注意力能集中了，多动冲动很快减轻了。前段时间网上引起广泛讨论的“聪明药”，其实说的就是这类药物。但那些可能是通过一些非法渠道获得的，且多数都是一些速释剂型，正常的孩子服用以后，可能会出现很多的副作用，也可能存在潜在的成瘾性。我们国内的哌甲酯都是缓释片，它是缓慢释放的，患病的孩子服用以后，可以达到调整大脑内的神经递质的功能，从而起到治疗的作用，同时也没有那么多的副作用。另外一个，家长可能担心的问题，说这个药是兴奋剂，孩子可能会依赖成瘾，但是在我们临床上，只要在临床医生的指导下用药，就不会出现滥用或者成瘾的情况。另外一类药物，我们叫作非兴奋剂类的，目前国内也只有一种，叫作托莫西汀。这个药的一个优点是副作用相对少一些，但它的缺点是起效可能会慢一些。除了这两种一线用药以外，还有其他的一些二线或者辅助的药物。药物治疗的原则，一般来讲，我们是建议6岁以上才开始服用。另外一个用药的原则是从小剂量开始，根据病情以及出现的副作用来调整药物剂量。以前有一种观点，就是“假日疗法”，到了周末和寒暑假就把药物停掉，这样做的目的，可能是为了减少一些副作用，但目前不再提倡这种治疗方法，因为孩子的疾病并不只是影响学习，在生活当中同样存在各种问题。而且一旦停药，血液中的药物浓度会出现波动，从而导致病情控制出现反复。很多父母可能会顾虑一个问题，就是孩子到底要吃多久的药呢？多长时间的治疗才叫长期治疗？这个确实是我们临床上经常遇到的一个问题。这个也要根据孩子具体的病情来决定，如果孩子吃了药以后，症状改善得非常好，他的成绩慢慢上去了，与小伙伴关系慢慢改善了，我们就会建议只要他身体能耐受，维持治疗的时间越长，将来功能恢复得就会越好；但如果家长觉得他已经吃了两三年，各种症状都控制得挺好，想去停药，也可以去尝试，在减药的过程中密切观察病情变化，如果说剂量减下来以后，症状又不好了，这时候可能要把原来的药物再加回去。如果停药以后病情没有反复，孩子在正常的轨迹上发展，当然就可以不用再吃药了。

当然，除了药物治疗以外，还有其他综合治疗的一些方法，比如说我们刚提到了行为治疗、心理治疗等；另外一个就是特殊教育，如果孩子的学习已经落下很多，这时候就建议请家教，或者给他报一些辅导班，前提是孩子有足够的精力，能够承受这样的补课。还有就是社交技能的训练，这也是治疗当中很重要的一个内容。另一个很重要的内容就是父母辅导，我们可以通过专题的形式向父母介绍这种疾病有什么表现，怎么治疗，怎么去关注这样的孩子，怎么跟孩了建立更好的亲子关系，另外就是怎么调整我们自己的情绪。这些都是父母辅导的内容。所以除了药物以外，还有这么多的非药物的手段，ADHD的治疗是一种综合治疗。

多动症的预后和结局

关于ADHD的预后或者说结局，刚刚我们也说了一下。不经过治疗或者治疗不充分，多动症的预后通常可能会有两个发展的方向：第一个方向我们叫作外化性障碍，从多动症发展到对立违抗性障碍，再到品行障碍，最后在成人以后，会发展成反社会性人格障碍。第二个发展方向我们叫作内化性障碍，主要是各种情绪问题，如焦虑、抑郁等，长大了以后，可能会出现各种各样的人格障碍，比如说边缘性人格障碍、回避性人格障碍，以及依赖性人格障碍等等，这样的孩子没办法像正常人那样有一个独立的人格，不能够独立地去解决问题。

我们看一下多动症没有经过治疗或者它的治疗不充分，给社会和个人带来的危害。首先是学业上，大概有一半的孩子可能面临被学校开除的风险。对家庭的影响刚刚也反复提到了，如果说一个家庭里面有一个多动症的孩子，整个家庭可能就像战场一样，互相指责，会出现各种各样的争吵，各种各样的分歧，到了最后可能婚姻都会出现问题。多动症的家庭，父母离异的概率要比普通的家庭高3—5倍，这是一个很高的概率。另外一个危害就是对于卫生保健系统的影响，多动症的孩子可能会占用大量的医疗资源。比如说他会经常受伤，经常有意外伤害，占用医疗资源的情况是很明显的。还有就是对社会的影响，比如说物质滥用，或者出现打架斗殴等等。所以我们说多动症绝对不单单是一个医疗问题，现在已经成为一个很重要的公共卫生问题。

多动症的家庭护理

我们刚才已经提到了，多动症的孩子往往会有很多破坏性的行为，往往会有一些意外伤害情况发生，所以多动症孩子的房间尽量要布置得简单一点，尽量避免放置一些危险物品。居家环境要安静，父母可能需要牺牲掉一些娱乐休闲的方式，比如看电视等，尽量给孩子创造一个相对安静安全的环境。另外我们要尽量多带孩子去运动，尤其是多动为主的这些孩子，他们的精力太旺盛了，我们一定要让他充分运动，把多余的精力消耗掉。同时我们要强调心理护理，作为多动症孩子的父母，可能要比普通的父母付出更多的心血，要有足够的耐心和爱心，要给孩子更多的关爱。需要特别强调的就是要正面管教，多去鼓励孩子，这样就能慢慢提高孩子的自尊心、自信心。

附：注意缺陷多动障碍的诊断标准（DSM-5）

A. 症状学标准：(1) 或 (2)：

（1）下列注意缺陷之6项以上，持续至少6个月，达到难以适应的程度，并与发育水平不相一致：

（a）在学业、工作或其他活动中，往往不能仔细注意到细节或者常发生粗心所致之错误；

（b）在学习、工作或游戏活动时，注意力往往难以持久；

（c）与之对话时，往往心不在焉，似听非听；

（d）往往不能听从教导以完成功课作业、日常家务或工作（并非因为对立行为或不理解教导）；

（e）往往难以完成作业或活动；

（f）往往逃避、不喜欢或不愿参加那些需要精力持久的作业或工作（例如功课或家务）；

（g）往往遗失作业或活动所必需的东西（例如玩具、课本、回家作业、铅笔或工具）；

（h）往往易因外界刺激而分心；

（i）往往遗忘日常活动；

（2）下列多动-冲动行为的6项以上，持续至少6个月，达到难以适应的程度，并与发育水平不相一致：

多动：

（a）往往手或足有很多小动作，或在座位上扭动；

（b）往往在教室里，或在其他要求坐好的场合，擅自离开座位；

（c）往往在不合适场合过多地奔来奔去或爬上爬下（青少年或成年人，可能只是坐立不安的主观感受）；

（d）往往不能安静地参加游戏或课余活动；

（e）往往一刻不停地活动，似乎有个机器在驱动他；

（f）往往讲话过多；

冲动：

（g）往往在他人（老师）问题尚未问完时便急于回答；

（h）往往难以静等轮换；

（i）往往在他人讲话或游戏时予以打断或插嘴。

B. 多动-冲动或注意问题都出现于12岁以前；

C. 某些表现存在于2个以上场合；

D. 在社交、学业或职业等功能上，有临床缺损的明显证据；

E. 排除以下可能：精神分裂症或其他精神病性障碍；也不能用其他精神障碍进行解释（例如心境障碍、焦虑障碍、分离性障碍、人格障碍）。

后记

本书由共青团广州市委员会编写，旨在分享有关未成年人保护的多个领域的专业知识，指导未成年人家长和各界人士科学、有效地保障未成年人健康成长，守护广大少年儿童的美好未来。

全书收录了“广州未成年人保护大讲堂”活动共 11 期的内容。从策划、编写到成书，得到来自各界专业人士的悉心指导。在此，对市公安局、市司法局、市卫健委、市检察院等市未成年人保护委员会成员单位的热情推荐，对社会各方的大力支持，以及对各期主讲嘉宾关于本书出版内容的专业指导与点评建议，一并表示感谢。

由于篇幅所限，在编辑过程中只能选取讲座内容中的主要内容，难以全面反映活动的总体情况。且因编者水平和经验有限，本书仍有诸多瑕疵，敬请读者指正。

本书编委会

2019 年 5 月